공간
×
문화예술교육

부산문화재단 B· ART·E 총서 4

공간 · 문화예술교육

글쓴 이　이미연　우대성　강득주　김정민　사이먼 스페인
　　　　　이상철　이미림　오금아　김정연　이은서

초판 1쇄　2021년 12월 28일

기획·편집　부산문화재단 부산문화예술교육지원센터

발행처　부산문화재단
　　　　부산광역시 남구 우암로 84-1
　　　　T.051-745-7283 www.bscf.or.kr

발행인　강동수
출판유통　비온후
　　　　부산광역시 수영구 망미번영로 63번길 16
　　　　T.051-645-4115

B
ART
E
4

공간
×
문화예술교육

부산문화예술교육지원센터 엮음

부산문화재단

프롤로그

우리의 하루는 모두 어떤 공간에서 시작된다. 공간과 공간 사이 속에
사람들은 만나고 연결된다. 공간은 삶을 구성하는 하나의 중요한 요소
이자 지속할 수 있는 힘인 것이다. 문화예술교육에도 공간이 가진 힘
은 강력하다.

초고령화, 인구 수 감소, 지역 소멸 등 각종 사회·인구학적 환경 변화
로 빈 집, 폐공장, 폐교 등 지역 내 빈 공간이 우후죽순 생겨나고 있다.
쓸모를 다한 공간에서 문화예술교육의 역할을 생각해 본다. 전용 공간
을 필요로 하는 많은 것들 사이에서 문화예술교육이 우선순위가 될 수
있을지 공간의 의미도 짚어본다. 문화예술교육 전용 공간의 운영 방
안, 콘텐츠, 대상층 그리고 기획자, 예술가, 예술교육가, 예술교육활동
가는 어떤 역할을 해야 할지, 지역주민들이 필요로 하는 문화예술교육
은 무엇인지와 같은 질문이 계속되었다. 문화예술교육에 있어 전용 공
간이 반드시 필요한가와 같은 근본적인 질문도 이어졌다. 우리는 이에
대한 답을 찾고 싶었다.

【수정아파트 프로젝트】2019년 12월, 부산시 동구 수정동에 위치한 수정아파트 16동 B208호와 B405호에 7명의 예술가와 예술교육활동가가 들어갔다. 1969년에 완공된 아파트와 수정동이 품고 있는 이야기를 바탕으로 다양한 연령대의 지역주민들이 참여할 수 있는 문화예술교육 프로그램을 5일간 운영했다.

【빈방의 서사(敍事)】2020년 12월, 5명의 예술가가 부산시 사하구 다대포, 사하구 장림시장, 서구 아미동, 부산진구 초읍동, 동구 초량동에 위치한 빈 집, 빈 공간을 오브제로 활용해 전시, 감상, 체험 중심의 '1인 문화예술교육' 프로그램을 7일 내외로 운영했다.

【소행성 42PX+5H】●2021년 11월, 10명의 예술가가 2018년 폐교된 부산시 동구 좌천초등학교 3층을 1개월 동안 문화예술교육 전용 공간으로 탈바꿈시켜 운영했다. 코로나19로 더 극명하게 드러난 관계·공

● '소행성 42PX+5H'라는 이름은 문화예술교육 전용 공간이 지역 곳곳에 생기길 바라는 예술가들의 희망을 담아, 좌천초의 구글 지도 좌표를 활용했다.

동체·기후 위기에 아이들이 예술체험·놀이·교육을 통해 꿈과 희
망을 찾아가길 바라는 기획의도의 콘텐츠를 선보였다.

3년간 부산문화예술교육지원센터(부산문화재단 문화교육팀)가 공간
에 중점을 두고 진행한 사업의 간단한 내용이다. 우리는 50년이 넘은
아파트, 사람들이 떠난 오래된 지역의 빈 점포와 빈 집 그리고 폐교라
는 쓸쓸함이 감도는 공간에 사람들로 생기를 채우고, 문화예술교육 실
험을 시도했다. 지역민과 함께 하는 문화예술교육이 오래되고 비어 있
는 차갑고 어두운 공간을, 네모난 틀에 갇혀 있던 공간을 어떻게 활용
할 수 있는지 나누고 싶었다. 운영 기간, 참여자 수 등과 같은 정량적
인 수치에서 벗어나 공간을 바라보는 기획자, 예술가, 예술교육가, 예
술교육활동가들의 시선과 상상력이 사람의 마음을 어떻게 채우고 행
동할 수 있게 하는지 보았으면 했다.

이에 이번 총서는 우리가 걸어온 과정인 '공간에 대한 문화예술교육 실

험'에 힘을 실어줄 수 있는 국내외 다양한 공간의 이야기를 담았다. 공간과 문화예술교육에 대한 애정으로 다채롭게 채워준 저자들에게 진심으로 감사의 말씀을 드린다. 이 책을 읽을 여러분은 우리가 가졌던 수많은 질문에 공감하며 답을 찾을 수도 있고, 또 다른 물음표가 생길 수도 있다. 답을 찾는다면 그 답을 실천하기 위한 움직임으로, 또 다른 물음표가 생긴다면 그 답을 찾기 위한 새로운 시도와 도전을 향해 계속 나아가길 바란다. 문화예술교육과 공간의 의미, 지속가능한 활용에 대해 고민하고 시도하고 있는 많은 분들과 이 책을 나눌 수 있어 기쁘다. 어느 날, 상상하고 꿈꾸던 공간에서 펼쳐질 문화예술교육과 함께 만날 수 있길 바란다.

부산문화예술교육지원센터

문화예술교육의 꽃, 공간이 콘텐츠다!

이미연
—

이미연은 문화예술과 경영의 언덕을 쌓았다 허물었다 하며 교사, 문화예술교육가, 문화행정가로 살아왔으며,
부산문화재단 생활문화본부장을 역임했다.
새로운 상상력과 사회적 창의를 향한 예술교육의 힘을 믿으며 오늘도 행복한 일상을 꿈꾼다.

꿈꾸는 예술터 1호점, 전주 <팔복예술공장>

아직은 더운 열기가 남은 9월 초순의 토요일, 강의 차 들른 전주 팔복예술공장 한 켠 뜰에서 '재즈와 드로잉'이라는 문화예술교육 프로그램이 진행되고 있었다. 젊은 연주자 3명이 신명에 젖어 오후의 나른함을 씻어주는 재즈선율을 연주하는 사이 어른들은 모처럼의 휴식을 즐기고 뜰에 놓인 평상 위에서는 유아들이 의미를 알 수 없는 드로잉을 신나게 하고 있었다. 더불어 마치 초대된 무용수처럼 여자 아이 두 명이 제 흥에 겨워 즉흥춤을 아름답게 추고 있었으니 늦은 오후의 햇살과 재즈, 그림, 춤이 어울린 그야말로 융합문화예술교육의 현장을 본 것이다.

전주 <팔복예술공장>은 카세트 공장으로 20년 전 폐업한 뒤 방치되어 있다가 2016년 문화재생지원사업 대상으로 선정되어 문화예술, 전시 공간으로 멋지게 변모되었다. 작가들의 창작, 전시 공간에서 나아가 2018년 3월 문화예술교육전용공간 사업 '꿈꾸는 예술터' 1호점에 선정되어 2019년 11월에 개관한 이후 학교와 사회문화예술교육을 연결하는 창의 융복합 예술교육 콘텐츠를 연구 개발하고 매년 '교육하는 예술가를 위한 예술창작학교' 워크숍을 통해 배출된 예술교육가들이 아동 청소년을 대상으로 다양한 프로그램을 진행 중이다. 2021년에는 유아예술교육전용공간 및 그림책도서관을 열어서 문화예술교육도시로 성장해가는 전주의 베이스캠프 역할을 톡톡히 하고 있다.

재즈와 드로잉 풍경   팔복 내 유아예술교육놀이터

꿈꾸는 예술터 조성 사업은 문화체육관광부에서 발간한 『문화예술교육 종합계획(2018~2022)』 중 '지역 문화예술 공간 및 자원과의 연계 강화 추진 전략'에서 유휴공간을 활용하여 학교 밖 문화예술교육 공간을 조성하고 창의적 문화예술교육 운영으로 학교-사회 연계 모델을 구축하는 것을 사업 추진방향으로 명시하고 있다. 2005년 국가정책으로 문화예술교육을 추진한 이래 다양한 사업이 전개되었는데 비로소 문화예술교육을 위한 전용공간의 필요성이 인식되면서 정책적으로 추진된 것이다. 2018년 1호점으로 전주(생활밀착형)와 성남(지역거점형)이 지정되었고 2019년 꿈꾸는 예술터 사업이 국가균형발전위원회 생활 SOC 사업 생활문화공간 부문에 반영되어 2020년 강릉시, 부산시 북구, 밀양시, 장수군, 청주시가 추가로 선정되어 현재 조성 중에 있다.

부산문화재단은 2018년 3월 거점형 문화예술교육전용공간 사업에 응모했으나 유휴공간 확보에 어려움을 겪었고● 이후 2020년 부산시, 북구, 부산문화재단의 협력을 통해 유휴공간을 활용, 문화예술교육센터 건립으로 일상 속 문화예술교육 실현, 지역 특색을 반영한 문화교육 확대 등을 목표로 지역 내 문화예술교육전용공간 유치를 적극적으로 추진해왔다. 하지만 2차 응모 역시 협력기관인 북구에서 사업추진이 난항을 겪으며 중도 포기의 길을 걷게 되었다. 생활문화센터를 비롯해 시군구에서 조성하고 있는 공공 문화복합공간과 민간에서 만들어지고 있는 크고 작은 문화공간들이 지역민들의 소소한 문화놀이터로 자리매김하고 있는 현실에서 문화예술교육 전용공간의 필요성은 문화예술교육의 가치와 목적, 효과와 연계해서 논의되어야 할 것이다.

● 당시 폐교된 좌천초등학교를 입지로 선정했으나 부산시교육청과의 협상이 원활하지 않았고 2차 심사를 포기하게 되었다. 3년이 지난 현재 좌천초는 동구에서 매입을 했고 지역민들을 위한 복합문화센터로 개발하기 위해 준비 중이다. 2021년 11월 1일~28일, 문화교육팀에서는 전용공간에서의 문화예술교육 콘텐츠를 실험하기 위해 '공간문화예술교육' 사업으로 폐교의 한 층을 활용해 COVID 19를 겪으며 환경, 소통, 연대의 가능성을 모색하는 아동, 청소년 대상 프로그램을 기획, 전시, 운영했다.

놀이, 미적 체험, 심미적 교육

문화예술교육은 미적체험, 창의력, 상상력을 통해 열린 세계를 꿈꾸게 한다. 중심이 되는 대상은 아동·청소년이지만 최근에는 생애주기별 문화예술교육이 강조되면서 유아에서 노인까지 대상에 맞는 창의적 프로그램이 가능한 새로운 공간에 대한 요구가 높아지고 있다. 본원적인 논의로 돌아가서 생각해보면 문화예술교육 전용공간은 무엇보다 문화예술교육의 가치와 목적, 효과를 실현할 수 있는 공간이어야 한다. '문화예술교육의 가치와 목적은 무엇이며 어떻게 그것을 구현할 수 있는가?' 물음에서 출발하면 당연히 '전용공간은 어떻게 구성되어야 하며 어떤 콘텐츠가 필요한가?'로 이어진다.

창의적 문화예술교육은 사회 구성원 모두에게 행복한 삶을 살아갈 수 있는 감성적 에너지를 준다는 점에서 미적 효과를 지니며, 우리가 살고 있는 사회를 좀 더 평등하고 조화롭고 아름답게 변화시킬 수 있는 사회적 실천력을 가지고 있다는 점에서 사회적 효과를 지닌다. 문화예술교육의 핵심 가치인 놀이, 창의성, 상상력은 미적 체험의 기반이 된다는 점에서 미적 경험을 통한 심미적 교육의 중요성을 강조한 실러와 맥신 그린의 이론을 잠깐 살펴보자. 독일의 대문호 실러(Johann Christoph Friedrich von Schiller, 1759~1805)는 『인간의 미적교육에 대한 편지』를 통해 미적 상태로 인간을 교육하는 것이 정치체제 개혁이나 혁명보다 더욱 사회에서 소중함을 강조하고 있다. 미적 상태란 감성과 이성이 통일된 상태이며 미적 상태를 회복하기 위해서 미적 교육이 필요하다고 보았다. 아름다움과 놀이는 예술을 체험하는 상태에서 자연스럽게 통합이 되는데 "인간은 아름다움을 통해 자유에 도달하며 아름다움으로 놀이하는 순간 잠시 동안 미적 상태에 머물면서 자신이 잃어버린 총체성을 회복할 수 있다"[●]는 것이다.

[●] 프리드리히 폰 실러, 안인희(옮긴이), 『미학 편지 - 인간의 미적 교육에 관한 실러의 미학 이론』, 휴먼아트, 2012, 50쪽, 129쪽.

예술이 추구하는 아름다움의 의미는 '알다' '깨닫다'이며 진정한 아름다움
이란 세계와 자기를 대면하게 함으로써 자기와 세계를 함께 깨닫게 하는
것이다.

실러의 '아름다움으로 놀이하는 순간'은 어린 시절 공터에서 현실을 잊고
무한반복으로 이어지는 놀이 세상에 빠져있었던 환상의 시간을 떠올리게
한다. 구체적인 목적 없이 놀이는 시작되며 오직 즐거움과 재미를 통해 우
리를 강력하게 구속한다. 놀 때 우리의 몸과 마음은 하나가 되면서 나와 너
(타자, 세계)를 소중한 존재를 받아들이고 진정한 소통에 이르게 된다. 어
린 시절 놀면서 친해진 친구들과는 어른이 되어서도 쉽게 마음을 터놓게
된다는 점에서 놀이는 본원적 가치를 지닌다는 것을 알 수 있다.

맥신 그린(Maxine Green, 1917~ 2014)은 미국 링컨 센터 인스티튜트의 상
주 철학자로 활동하며 1970년대 초부터 30년이 넘는 세월 동안 예술교육
가와 교사를 위한 워크숍을 열정적으로 이끌고 심미적 교육, 상상력과 변
혁의 중요성, 교육 개혁, 문화적 다양성 등을 아우르는 심미적 교육의 이론
을 실질적으로 적용한 예술철학자, 교육자, 기획자이다. 그녀의 미적 체험
과 예술교육에 대한 심미적 교육철학은 문화예술 교육가들에게 영감을 주
고 있다.

예술이란 세상을 향해 던지는 진정성 어린 질문이며 쳇바퀴처럼 돌아가는
일상, 지루함, 불평 등에 마취되어 있는 우리를 깨어나게 하는 것이라고 그
녀는 말한다. 예술은 항상 세상과 나 자신의 경험에 대한 새로운 표현방식
을 촉구하기 때문에 현재 예술과 대면하는 것이 중요하다고 강조했는데
이를 위해서는 '널리 깨어 있음'●의 상태에 머물러야 한다. '널리 깨어 있
음'을 통해 잠시나마 삶의 주체로서 자신을 발견하게 될 수 있으며 특히 심
미적 교육의 근간을 이루는 것이 예술작품과의 미적 체험을 통해 사회의 부
조리를 개선할 수 있는 사회적 상상력을 발휘하는 과정임을 강조한다.

● 맥신 그린, 문승호(옮긴이), 『블루 기타 변주곡』 서울문화재단 예술교육총서 1,
  커뮤니케이션북스, 2017. 37쪽

참여자들이 심미적 예술교육 안에서 자신을 발견하고 사회를 변화시키는 힘을 기르기 위해서 예술교육가들은 어떤 노력을 해야 할까? 수많은 문화예술교육 프로그램이 기획, 실행되고 있지만 진정한 미적 체험을 위한 프로그램을 설계하기 위해서 예술교육가들은 끊임없이 감각적 탐구와 창의적 상상력을 열어가는 연습이 필요하다. 국내외 문화예술교육 전용공간에는 예술교육가(TA:teaching artist)들이 상주하는 랩을 두고 프로그램을 개발하고 실행하는 과정을 지원하고 있는데 특히 예술교육가들이 성찰하는 예술가이자 교육가로 성장할 수 있도록 미적체험교육 워크숍을 제공하고 있다.

국내외 아동·청소년을 위한 다양한 전용공간

문화예술교육의 가치를 모르던 시절, 아동·청소년을 위한 공간에 관심이 많았다. 오랫동안 교사로 살아오면서 네모 난 학교와 갇힌 교실 공간이 지루하고 재미없어서 아이들이 자유롭게 날아오르며 창의적으로 상상하고 행동하고 표현하는 아름다운 놀이공간에 대한 기대를 늘 가지고 있었다. 2008년 10월, 처음으로 서울 하자센터(서울시립청소년직업체험센터)를 방문하게 된 건 우연히 접하게 된 제1회 청소년창의서밋 '지속가능한 삶의 전환과 연대'란 슬로건이 마음을 흔들었기 때문이다. 센터의 뜰에서 당시 막 사회적 기업으로 출범한 노리단이 재미난 모양의 재생 악기를 연주하며 사람들의 눈길을 끌어 모았다. 요리를 좋아하는 청소년들이 창업한 회사 오가니제이션은 주요 게스트들의 식사를 직접 담당해서 식당을 열고 있었다. 청소년 요리사들이 만든 뷔페식 저녁을 먹으며 안팎에서 느껴지는 자유로움의 공기에 전염되어 돌아온 후 한동안 나는 부산에는 왜 이런 청소년 전용 공간이 없나 한탄했다.

하자는 2014년 '다시 배움과 희망에 대하여'라는 소박하고 본질적인 물음으로 돌아와 자본의 정글에서 제대로 생존하기 힘든 청소년의 현재와 미래를 진단하고 지속가능한 성장과 연대를 실천하는 청소년창의허브센터로 자리매김하고 있으며, 2016년 11월 광주 청소년삶디자인센타의 탄생을 돕게 된다. 광주 삶디는 광주광역시가 지원하고, 전남대학교와 광주YMCA가 하자센터와 협력하여 운영하고 있는 시립 청소년 특화시설이다. 하자센터나 삶디는 단순한 직업체험공간이 아니라 청소년들이 창의적 의도를 가지고 자신의 삶을 새롭게 디자인하면서 삶을 연습하고 성장하는 과정 중심의 프로그램과 전용 공간을 운영하고 있다.

노르웨이 오슬로 중앙역 인근에는 청소년들의 해방구, 창의적이고 혁신적인 시립공공도서관 '비블리오 트윈'이 있다. 참으로 신기하고 이상한 그곳은 10~15세 전용 도서관으로 그 나이 또래가 아니면 출입할 수 없다. 오스트리아에서 공수한 스키 곤돌라가 천장에 매달려 있고 빨간 구형 공중전화 박스 속과 트럭 보닛 위에서 책을 읽고, 잠수함 모양으로 이루어진 방에서 마음껏 자신이 꿈꾸는 자유를 설계하고 다양한 놀이를 탐색할 수 있다. 도서관에서 일하는 이들은 사서가 아니라 아티스트나 문화 활동가들이다. 그들은 전직 프로젝트 매니저, 사진작가, 디자이너 등이었다. 그들의 고민은 '어떻게 하면 그곳을 이용하는 청소년들을 즐겁고 행복하게 해줄까'라는 것이라고 하니 청소년의 주관적 행복지수가 OECD 국가 꼴찌를 못 벗어나고 있는 우리의 현실에 시사하는 점이 크다.●

비블리오 트윈처럼 새로운 공간, 실험적인 공간, 대상이 특정된 전용공간이 2021년 우리에게도 이제 낯설지 않게 되었다. 트윈세대를 위한 자유롭고 편안하고 창의적인 공간 서울 <스토리스튜디오>와 전주 <우주로1216>은 우주를 유영하며 길을 찾는 아이들에게 호기심 가득한 놀이터가 되고 있다.●●

하자센터나 삶디, 비블리오 트윈, 스토리스튜디오, 우주로1216은 아동 청

● https://m.blog.naver.com/zoe87/220744858588청소년들의 해방구: 10~15세 전용 도서관 Biblo TØyen
●● 두 공간에 대한 이야기는 본 도서 다른 저자에 의해 자세하게 설명되고 있다.

우주로 1216 도서관

소년을 위한 총체적 삶의 경험을 제공하고자 하는 작업장으로서의 의미가 크다. 아이들의 지속적이고 창의적 성장을 위한 실험과 다양한 노작활동을 통한 이야기 창조하기, 책을 기반으로 더 넓은 세상을 상상하고 협력하며 소통하기를 실천하는 곳들이다.

아동·청소년을 위한 전용공간으로 더할 나위 없이 훌륭한 공간들이 점점 확대되고 있는데 문화예술교육 놀이터를 굳이 따로 만들어야하는가? 서울은 수년 전부터 문화예술교육 전용공간의 필요성을 인지하고 학교와 사회를 잇는 창의예술교육 거점으로 서서울예술교육센터, 관악어린이놀이터를 운영하고 있으며 최근 용산예술교육센터를 열면서 도심지 상가 건물의 5-6층을 가변형 스튜디오 형태로 조성하고 실험적인 예술교육랩으로 운영하고 있다. 서울은 권역을 나누어 문화예술교육 전용공간을 더욱 확대할 계획이라고 한다.

해외 사례는 꿈꾸는 예술터의 모델로 소개되었던 핀란드의 아난딸로를 비롯해 벨기에의 ABC 하우스, 아일랜드 디아크, 일본 3331 아트 치요다, 싱가포르 국립 미술관의 케펠 예술교육센터 등 참고할 만한 문화예술교육 전용공간이 많다.● 그 중 디아크와 케펠 예술교육센터는 도시에서 오랜 역

● 조영미 외, 『문화예술교육 전용공간 조성을 중심으로 한 프로그램 도출』, 부산문화재단, 2020 보고서에 각 공간에 대한 상세 정보가 담겨 있다.

디아크 스튜디오 / 출처 : 디아크 홈페이지

사를 지닌 의미 있는 건축물을 재생프로젝트를 통해 어린이를 위한 공간
으로 새롭게 탄생시킨 점에서 예술의 공공성을 잘 실천한 사례이다.

디아크(The Ark)는 영국 아일랜드에 있는 유럽 최초의 어린이 문화센터로
옛 장로회 교회(1782)를 리모델링한 건물이다. 1990년, 더블린이 유럽의 문
화수도로 선정되었고 도시재생프로젝트의 하나로 1995년 디아크가 창립
되었다. 1,500㎡ 규모이며 지하 1층부터 지상 4층으로 극장, 갤러리, 예술
가를 위한 워크숍 공간 등으로 이루어져 있다. 디아크의 가장 핵심적인 공
간은 극장이라고 볼 수 있으며 아이들이 친근감을 느낄 수 있도록 원형 모
양으로 설계했다. 갤러리는 천장 높이가 낮은데, 여러 용도로 사용할 수 있
는 실용적인 공간으로 가벽이 설치되어 있다. 워크숍 공간은 지붕에 곡선
으로 된 유리벽이 설치되어 있어 빛이 잘 들어올 수 있으며 예술가들에게
최적의 작업 환경을 제공하고 있다. 디아크에서는 어린이를 위한 '집에서
자신만의 악기 만들기, 꿀벌! 뮤지컬, 아일랜드 신화 뮤지컬 The Haircut',
학생과 성인을 위한 '세대 간 드라마 프로젝트' 등 영·유아부터 교사를 위
한 다양한 프로그램이 체계적으로 운영되고 있다.●

싱가포르 국립미술관은 시빅 디스트릭트(Civic District) 중심부에 있으며,
미술관 주위로 걸어서 갈 수 있는 거리에 갤러리, 극장, 공연예술센터 등이

● 조영미 외, 70~73쪽

케펠 아트센터 /출처: 케펠 아트센터 홈페이지

있다. 싱가포르 국립미술관은 20세기 초 시청과 대법원으로 사용하던 싱가포르의 건축 유산을 리모델링하여 약 64,000㎡의 규모로 새롭게 탄생하였다. 미술관 내의 케펠 예술교육센터는 약 1000㎡ 규모의 다섯 개 구역으로 이루어져 있다. 예술작품을 만지고 움직일 수 있는 촉각 놀이 공간 (Art Corridor), 예술가들에 의해 만들어진 이머시브 환경을 통해 호기심, 상상력, 탐구정신을 개발하는 공간(Art Playscape, Project Gallery), 국립박물관 소장 작품을 바탕으로 직접 해보는 활동을 통해 예술에 쓰이는 재료, 기술, 과정을 배우는 공간 (Children's Museum, Children's Museum Workshop)으로 구성되어 있다.

프로그램은 대상별로 어린이와 가족, 성인, 학교 프로그램으로 구분된다. 학교 프로그램은 Early Years(유치원생), Primary School(초등학생), Secondary School(중학생) 대상으로 나누어지며, 60분 동안 학생과 교사가 적극적인 토론에 참여하여 시각적 관찰 및 해석 기술을 개발하는 가이드 학교 투어와 90~120분 동안 갤러리 교육자들이 수행하는 예술 제작 활동을 통해 창의적이고 비판적인 사고를 발전시키는 스튜디오 워크숍으로 구분된다.●

두 공간 모두 성인을 위한 프로그램이 있지만 핵심은 아동 청소년의 예술

● 조영미 외, 74~80쪽

교육에 방점을 두고 있다. 아난딸로처럼 인근 학교의 학생들이 직접 공간을 방문해서 예술가들의 창작 작업을 통해 미적으로 변신한 공간에서 특별한 프로젝트를 수행하기도 하고 스튜디오형 공간에서 진짜 예술가가 된 것처럼 예술활동을 하고 발표를 하기도 한다.

문화예술교육 놀이터를 꿈꾸다

부산형 꿈꾸는 예술터를 준비하면서 공간구성과 교육콘텐츠에 대한 고민은 함께 갈 수 밖에 없었다. 열린 형태의 가변형 갤러리에 프로젝트 주제에 따라 상상력과 영감을 불러일으킬 수 있도록 예술가들이 다양한 작품을 설치하고 어린이들이 미적활동에 참여하면서 공간을 새롭게 채워나가는 예술모험 프로그램, 공간을 방문한 지역민들이 편안하고 행복한 마음으로 예술을 통한 기쁨과 성취감을 느낄 수 있는 자유창작 프로그램, 학급 단위 초등생들이 마음 맞는 친구들과 다양한 예술 활동에 빠져서 하루를 보내는 예술하루 프로그램, 예술가들이 다양한 융합작업을 통해 새로운 프로그램을 기획하고 개발하는 예술실험실 등 예술가와 아이들이 만나 창의성, 상상력, 아름다움으로 놀이하는 공간을 꿈꾸는 건 여전히 마음을 설레게 한다.

문화예술교육 놀이터를 향한 꿈은 현재진행형이다. 이제는 꿈꾸는 예술터 사업에 기대지 않더라도 지역의 여건에 맞게 공간을 조성할 수 있는 다양한 방안을 찾는 것이 필요하다. 그러자면 염두에 두어야 할 요건들이 있다. 가장 우선해야 할 것은 우리가 만들고자 하는 문화예술교육 전용공간의 가치와 철학을 세우는 것이다. 아난딸로 아트센터 '진짜 예술가가 되어보는 경험', ABC하우스 '모든 것은 모든 것과 이어진다', 디아크 '예술과 문화에 대한 아이들의 권리증진', 하자센터 '스스로 돕고자 하는 이들이 모여, 서로를 살리는', 서서울예술교육센타 '어린이, 청소년들의 예술적 놀 권리 구현' 등 기존의 공간들은 이러한 철학을 바탕으로 차별화된 프로그램을 운영하며 공간 역시 철학적 가치를 구현할 수 있도록 설계하기 위해 많은 노력을 기울였다.

다음은 기획 단계부터 운영을 담당할 조직과 체계를 잘 만들어내는 것이다. 지자체와 협력해서 추진하는 경우 공간의 운영과 방향성에 대한 면밀한 논의가 필요하다. 공간을 설계하고 프로그램을 기획하는 일은 손바닥을 부딪쳐야 소리가 나는 것처럼 항상 같이 움직여야 한다. 이미 만들어진 공간에 짜 맞추듯 행정 편의주의로 접근하게 된다면 예술성이나 창의성보다 수월성과 효용성을 먼저 생각하게 마련이다. 많은 사람들이 좋은 공간을 만들기 위해 열린 마음으로 충분히 소통한다면 영감과 상상이 현실화되는 길을 개척할 수 있을 거라고 생각한다.

전용공간을 기반으로 우수한 문화예술교육 콘텐츠를 운영하려면 예술(교육)가에게 창의적인 프로그램을 창작할 수 있는 연구와 교육 지원이 필요하다. 창의적 실험이 이루어지는 랩을 통해 안정적인 연구 환경을 만들어준다면 상주예술가 및 시즌별, 주제별로 참여하는 다양한 예술가들이 협업을 통해 융합교육 프로그램을 개발하고 실행해볼 수 있을 것이다.

문화예술교육 전용공간은 다양한 주체들이 교류하는 플랫폼 역할을 통해 지역의 문화예술교육 환경을 바꾸고 사람과 사람, 마을과 마을을 연결하는 움직이는 정거장이 될 수 있다. 예술이 일상에 내려앉아 일상의 경험이 미적 경험으로 변화하는 과정을 즐길 수 있다면 누구나 예술가의 마음으로 세상을 바라보고 열린 마음으로 소통하고 행복의 에너지로 삶을 밝힐 수 있을 것이다. 그런 공간이 내가 살고 있는 동네에 있다면 얼마나 좋을까. 부산 곳곳에 예술교육으로 아이들을 키울 수 있는 공간을 만들어내는 일은 참으로 중요하고 소중한 일이다. 그러니 마음과 뜻을 모아 아름다움으로 놀이하는 우리들의 놀이터를 만들자고 그 꿈을 이제는 실현하자고 말해 본다.

알로이시오기지
1968

우대성
—

(주)오퍼스 건축 대표

우대성은 지리산 웅석봉이 있는 산청에서 태어나 경호강에서 놀며 자랐다.

대전, 진주, 서울, 진해를 거쳐 지금은 도시유목민으로 서울에 살고 있다.

21세기가 되던 해에 '천년의문' 국제설계공모에 당선되었다.

'늘' 그리고 '잘' 쓸 수 있는 집을 만드는 데 심혈을 기울이는 건축가로, 자연을 좋아하고 고쳐 쓰는 작업에 관심이 많다.

알로이시오 기지 1968, 쓰임과 프로그램

알로이시오기지1968은 아이들과 시민들에게 삶의 충전을 위한 프로그램을 운영하는 기지다.

목공, 요리, 제빵, 수경재배, 옥상텃밭, 디지털 메이킹, 공예와 같은 삶의 기본기를 익히는 프로그램을 진행한다. 수녀들이 만드는 커피와 음료 건강빵을 맛보고 알로이시오 힐링센터와 연계한 심리상담도 가능하다. 도서관, 텃밭, 달빛옥상, 공연홀, 대청마루, 음악활동실, 뷰티 활동실, 족욕터, 침묵의방 등 다양한 공간이 기지 안에 있다. 이곳에 오는 이들은 스스로를 돌아보고 몸의 감각을 열고 무엇이든 직접 만들어야 한다. 그리고 만든 것을 친구와 이웃, 가난한 이들과 나눠야 한다.

(공통 프로그램)

손발을 씻고 설거지 청소로 끝난다. 기지에 도착하면 휠체어로 경사로를 올라가야 한다.

스스로 이름 짓고 만든 것을 나눠야 한다. 친구와 이웃 그리고 가난한 이들에게.

- 공통지침1/ 침묵, 멍때리기
- 공통지침2/ 완성하지 않아도 된다.

(프로그램 #1)

초·중·고등학교 진로체험, 중학교 자유학년제 활동, 특성화고등학교 체험활동을 위한 프로그램이다. '레고자율주행' '어린 목수' '내맘대로 스파게티' '나의 반려식물' 등

(프로그램 #2)

나의 관심을 발견하고, 새로운 분야에 도전하고, 나의 아이디어로 무언가를 만드는 프로젝트

- 서툰 목수, 마트 털기, 리틀 포레스트, 영상 크리에이터 등

(프로그램 #3 캠프/가족프로그램)

가족 및 마을공동체의 소중한 관계를 알아가고 함께 힐링하며 소통하는 프로그램

- 별보러가자, 마을 공동텃밭, 노숙인 빵나눔

(기지탐험)

알로이시오 공간 자체를 탐험하며 일상에서 벗어나 자연과 자신을 느끼는 프로그램

- 침묵의방 멍 때리기, 맨발 잔디 밟기, 족욕, 대청마루에서 빈둥거리기
- 카페에서 떠들기, 스마트팜 채소 수확, 텃밭에 씨뿌리기
- 달빛옥상 텐트에서 놀기

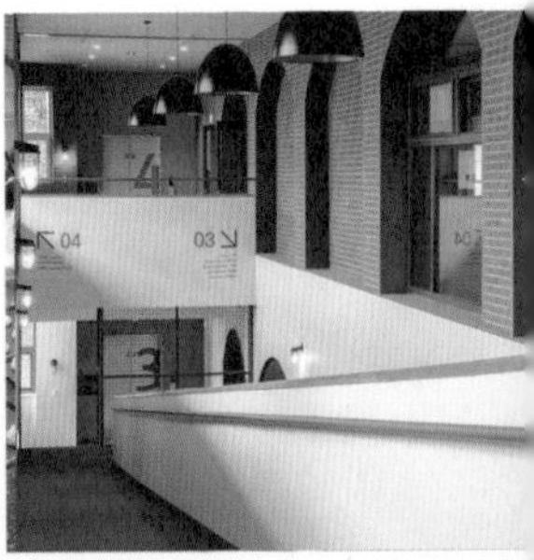

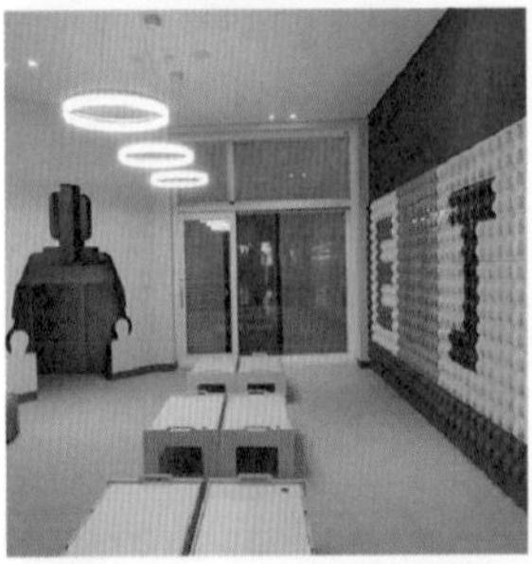

알로이시오 기지 1968의 프로그램과 공간들

알로이시오 기지 1968은?

알로이시오 기지는 '더불어', '나누는' 곳입니다.

기지는 50년간(1968-2018) 사용하던 학교가 폐교되어

그 집을 고쳐 만든 곳입니다.

소 알로이시오(Aloysius Schwartz 1930-1992)신부님이

가난한 아이들을 위해 만든 곳입니다.

마리아수녀회는 그 자리에서 다시 세상이 필요로 하는 일을 합니다.

이곳은 사람들의 삶에 진정 필요한 것을 다루는 곳입니다.

특히 가난한 이들. 그것이 수녀회의 미션입니다.

망망대해의 피난처이자 전진 기지처럼

빠른 세상의 변화에도

버팀목 같은 장소인 곳이 기지(基地, basecamp)입니다.

기지는

스스로의 생각을 키우고

삶의 기본기를 익히고

잃어버린 감각을 열어

이웃과 함께 더불어 나누는 곳이 될 것입니다.

알로이시오 기지 1968을 만든 이유와 지향하는 가치를 담은 안내글●이다. 기지는 '학교 도서관 체육관 문화센터…' 처럼 특정한 용도로서의 쓰임보다는 가치를 중심에 두었다. 상업적 이득이 아니라 세상을 향해 잘 쓰이기 위해 만들어졌다.

2021년 3월 개관이후 5개월간 8200여 명이 다녀가고 썼다. '다시 오고 싶다', '힐링된다'는 사용후기가 가득하다. 기지는 '도심에서 자기를 충전하는

● 알로이시오 기지1968 개관식 초대장, 2021

장소'로 역할을 시작했다. 이용자들은 충전된 에너지와 몸의 감각으로 자기만의 것을 만들어 이웃과 나눈다.

변화와 상황

기지의 방향을 고민할 때 접한 변화의 상황들은 '근본'이 무엇인지 깊이 고민하게 만들었다.

인구감소와 폐교

도시화와 인구감소, 그리고 기후위기. 지금의 우리가 직면한 상황을 대표하는 단어다. 우리나라 인구의 91.8%가 도시지역에 살고 있다.● 1970년대 50% 정도였던 도시화 지표는 절대 다수가 되었다. 반면 출생률 저하로 아이와 학생 수의 줄어드는 속도는 빨라지고 있다. 급격한 도시화와 인구감소의 지표가 만나는 상황이다. 흐름은 쉽게 바뀔 것 같지 않다.

2021년 전국에 폐교된 학교는 1360개가 넘는다.●● 폐교는 도시와 지역을 가리지 않는다. 그런데 학교가 세워졌던 곳은 도시건 지방이건 그 지역의 거점에 있다. 폐교되었지만 장소는 여전히 동네의 중요한 자리다. 접근이 편리하고 사회적 인프라가 잘 구축되어 있으며, 넓은 땅과 큰 건물이 지어져 있다. 건물은 충분히 튼튼하다. 폐교활용에 집중할 이유는 충분하다. 도심이라면 더욱 더.

학습의 변화

수년 전부터 공교육은 '방과후학교', '자유학기제'를 도입했다. '정규 교육과정 이외의 시간에 다양한 형태의 교육프로그램을 운영(방과후학교)', '교과목의 강의식 수업에서 벗어나 진로체험이나 프로젝트, 실험·실습·공작,

---

● 국토교통부 2018년 도시계획현황 통계
●● 시도별 폐교보유현황, 지방교육재정알리미 온라인 자료

독서토론, 역할극 등과 같은 체험 중심 수업 (자유학기제)'을 내세웠다.

두 가지 정책은 서로 다른 것이나 내세우는 목표와 목적은 비슷하다. 목표와 목적은 있지만 '누가', '어디서', '어떻게'는 제대로 준비되지 못한 채 시행을 시작했다. 그러나 수년이 지난 지금까지 두 가지 정책이 성공했다는 이야기는 듣지 못했다. 시스템, 프로세스, 사람, 공간은 모두 그대로 둔 채 목적과 목표라는 '글'만으로 변화는 어렵다. 새로운 프로그램과 그걸 반영하는 공간환경, 시스템을 갖춰야 해결될 일이다. 공간은 사용자의 태도 생각 행동 결과에 큰 영향을 미친다.

마리아수녀회의 학교

2016년 마리아수녀회●가 운영하던 알로이시오 중학교가 문을 닫았다. 2018년엔 알로이시오 기계전자고등학교도 폐교되었다. 두 곳 모두 수녀들이 양육하는 아이들이 다니는 학교다. 수녀회에서 돌보던 가난한 아이들의 숫자는 한때 3000여명에 넘었으나 지금은 훨씬 줄었다. 인구감소, 복지정책과 교육환경의 변화가 이곳에도 깊이 영향을 미쳤다. 폐교된 학교의 건물과 공간은 그대로 남았다. 다른 폐교의 상황과 비슷하다. 다만, 세상이 필요로 하는 무언가를 해야 한다는 수녀회의 의지가 다른 곳과 달랐다. 공간과 시설을 그대로 둘 수는 없다. 수녀회의 미션에 맞는 지점을 찾아 몇 년간 고민했다. 게다가 이곳은 부산의 도심 아닌가. 빠르게 변하는 세상의 속도와 무관하게, 근본적이며 유효한 가치를 실천할 무언가를 만드는 것이 중요하다.

● 마리아수녀회는 부산에서 '교육/의료/아동복지/여성복지/노숙인복지' 소임을 하고 있으며, 이중 아동양육시설은 소년의집(남자), 송도가정(여자), 마리아꿈터(영유아), 마리아모성원, 마리아모성의집, 부산미혼모부자지원센터 등이 있다. 그 외에 알로이시오기념병원, 알로이시오힐링센터, 마리아마을(노숙인복지) 등의 시설을 같이 운영 중이다

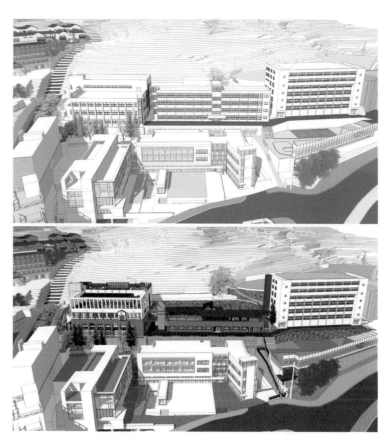

변경전후. 중앙은 비우고, 왼쪽건물은 전체를 고치고, 오른쪽 건물은 미래를 위해 남겼다.

기지, 지향과 공간의 변화

공공의 일, 일반기업의 일이 아닌 수녀회에서 진행하는 일이기에 '그런 일을 왜 우리가 해요?'라는 질문에 명확히 답하는 것은 쉽지 않다. 이곳은 학교도 학원도 아니다. 사람들의 삶에 진정 필요한 것 중에 국가나 다른 곳이 하는 않는 것을 다룬다. 특히 가난한 이들. 그것이 수녀회의 미션이다.

'무엇을' 그리고 '왜'할 것인가에 답을 찾고 나면 '어떻게'가 그 다음단계지만 '어떻게'라는 부분이 현실적이지 않으면 '왜'와 '무엇을'은 허공에 맴돌게 된다. 필요를 찾고 작동과 쓰임을 정하고, 참여할 인재를 찾고, 지독한 예산 범위 안에서 구현되도록 하는 일. 그것은 하나의 연결된 고리들이다.
목표에 맞게 공간의 방향도 구체화 한다.

학교의 공간 구조

감옥·병원·학교·호텔 등은 기본적으로 같은 구조다. '팬옵티콘(Panopti
con)'. 팬옵티콘은 원래 제레미 벤덤(Jeremy bentham)이 설계한 감시체계
의 감옥 개념에서 시작되었다. 그는 건축가가 아니라 철학자이자 법학자
다. 효과적인 감시체계를 위해 중심에서 모든 공간을 한 번에 감시할 수 있
는 공간을 만들었다. 감시와 서비스는 동전의 양면이다. 관리자의 입장이
중심인 이 방식은 여러시설에 적용되었다. 하물며 학교까지. 자아형성기에
집을 제외하고 가장 많은 시간(12년 이상)을 보내는 학교의 구조는 일제강
점기에 시작되어 지금까지 바뀌지 않았다.

• 땅과 아이들은 직접 만나지 않고, 운동장은 따로 있다.
• 같은 교실은 복도에 일방적으로 연결되어 있고
• 선생님과 아이들이 쓰는 문이 다르고 무엇보다 똑같은 박스의 교실 공간에
   칠판만 보게 만든 시선.

공간의 영향은 깊다. 이 구조에서 벗어나는 것이 필요하다. 감시자 관리자
가 아니라 '쓰는 이' '환경'을 중심에 두어야 한다.

• 자연과 직접 만나고
• 순환된 동선으로 자유롭게 만나고
• 동등하며, 다양하고 풍성한 공간에서 자유로운 시선으로 그리고
   가구와 소품도 공간의 일부여야 한다.

기존의 학교 공간을 고쳐 쓰는 일이기에 구조적인 한계를 유지하면서 '공
간의 구조' '동선' '자연과의 만남'을 적용해 변화시킨다. 하나씩 말고 한 번
에.

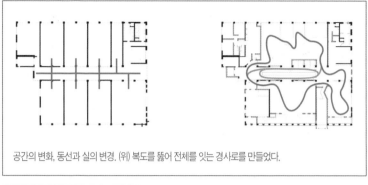

공간의 변화, 동선과 실의 변경. (위) 복도를 뚫어 전체를 잇는 경사로를 만들었다.

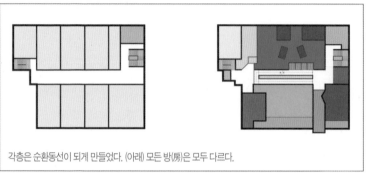

각층은 순환동선이 되게 만들었다. (아래) 모든 방(房)은 모두 다르다.

기지, 공간의 방향

기지의 공간을 구체화 하며 이런 글을 메모했다.

공간이 바뀌면 행동도 그걸 담는 프로그램도 변합니다.

공동체, 열린 환경, 즐거운 경험, 몸의 감각, 도시 속 자연, 침묵을 생각합니다.

모든 공간은 다르고 서로 연결되어 있습니다.

장소는 고정된 것이 아니라 변화하며 사용될 것 입니다.

자연의 변화를 몸으로 느끼도록 만들었고 한국의 오래된 정서를 담았습니다.

도심에서의 달빛 맞이와 맨발 활보는 빼놓을 수 없습니다.

몸을 움직이고 직접 만들어야 합니다.

보고 듣고 맡고 맛보고 느끼고.... 그리고 몸의 감각을 깨우는 일입니다.

무언가를 만들고 익히기 이전에 빈둥거리고 침묵하는 것도 중요합니다.

사회적 약자, 장애인은 더불어 살아야 할 우리의 이웃입니다.

휠체어로 기지를 한 바퀴 도는 것은 그걸 몸으로 알기 위함입니다.

같이 만들어야하고 만든 걸 서로 나누어야 합니다.

친구에게도 이웃에게도.

폐교된 학교를 고쳐 기지로 다시 만들었습니다.

콘크리트를 걷어 흙을 살려 텃밭을 만들었습니다.

태양빛과 빗물을 모아씁니다.

기지는 쓰는 이들을 통해

예측하지 않은 일이 일어나길 바랍니다. 기쁘게.

세상이 아무리 변해도 가치가 유지되는 것에 집중하려면, 결국 스스로를 돌아보고 몸의 감각을 일깨우도록 해야 한다. 우리 몸에 새겨있는 한국적 정서를 반영하는 것은 당연한 일이다. 그러기 위해 먼저 비운다. 그리고 서로 연결한다. 공간도 사람도. 그렇게 기지의 공간은 구체화 된다.

고쳐 쓰는 일, 비움과 연결

50년간 학교로서의 쓰임을 다한 곳, 1000평 규모의 큰 집 3개와 25m 경사지의 땅이 물리적 상황이다. 공간의 틀을 유지할 수밖에 없는 한계 속에 방향은 명확하다. 비우고 연결하기.

중간에 있던 고등학교 건물을 걷어냈다. 시선이 열렸다. 4층 건물의 1층을 남기고 걷어낸 자리에 쓰임이 정해지지 않은 현대식 만대루(晚對樓)를 둔다. 만대루는 강학(講學) 환대 비움 쉼의 복합 장소였다. 쓰임은 사용하는 사람이 정한다. 몸도 마음도 풍경도 비와 바람을 맞으며 빈둥거릴 곳이다. 기지에 필요한 건 여백이다. 양쪽의 큰 건물과 옹벽으로 둘러싸인 이곳에 열린 시선이 더해지면 아늑한 장소가 된다. 쓰임으로 채워질 곳을 받쳐줄 여백이 함께 필요하다. 도로의 번잡함에서 떨어져 바다를 향해 느긋한 시선을 꿈꾸는 자리다. 대청마루 앞은 아스팔트를 걷어 텃밭을 만들고 바닥을 높여 잔디밭으로 바꾼다. 맨발로 뒹굴 거리고, 온돌방에서 뜨끈한 여유 속에 자연을 누리는 장소를 만드는 것이 기지구축의 첫 단추다. 감각을 열어야 다음이 가능하다.

25m 높이차이가 있는 땅에 세워진 건물 3동, 마당 3곳, 입구 8곳은 제각기 놓여있다. 소통하고 나누려면 물리적 환경이 잘 '연결'되야 한다. 건물을 뚫어 운동장과 이어줄 연결다리를 만들고, 건물의 중앙 복도를 철거해서 경사로를 설치하고, 집 사이에 계단을 만들어 하나의 흐름으로 이었다. 승강기 설치는 기본이다. 개개인이 다르고 세상이 연결된 것처럼 기지의 공간도 모두 다르지만 서로 연결되게 만들었다. 그리고 비워낸 곳의 여러 지점을 여백으로 남겼다. 건물의 안과 밖을 이어주는 발코니와 넓은 통로가 되게 했다. 통로 자체가 독립된 공간으로 새로운 쓰임이 생기도록 하기 위함이다.

기지는 중고등학교로 쓰던 건물을 고쳐서 만든 알로이시오 기지는 완전히 고친 기지#1(기존 종합실습동), 상부를 철거하고 대청마루를 올린 기지#2(기존 고등학교), 그대로 쓰는 기지#3(기존 중학교)로 이루어졌다. 한

중앙 경사로는 복도를 철거해서 만들었고, 방들은 외부공간과 접하게 되어 있다.

번에 고치지 않은 것은 예산 때문이기도 하지만 미래의 변화에 대응하기
위한 것이다. 수녀회의 오랜 경험에서 얻은 지혜다. 대청마루 앞엔 콘크리
트 기둥을 남겨 꽃이 타고 올라가는 지지대로 삼고, 계단의 틈을 비워 제비
꽃을 심었다. 기지를 오가는 이들이 걸음을 잠깐 멈추고 오래전 학교를 기
억하고 들여다봤으면 하는 바람이다.

문화예술교육 공간과 기지

문화예술교육 공간

문화(文化). 예술(藝術). 교육(敎育). 그리고 공간(空間). 4개의 담론을 하나
로 묶을 수 있는지 알기 어렵다. 연결된 하나의 지점이라면, '사람 삶의 일
상에 필요한' 것이며 삶을 풍요롭게 만드는 것들이다. 문화/예술/교육을
개별적 독립적으로 다루면 일상과는 점점 멀어진다. 거창한 담론으로 정
의하고 구분해서 사람을 주눅 들게 할 일이 아니다. 문화 예술 교육 이전에
더 근본적인 질문에 답하기 위해 '기지'는 시작되고 만들어졌다.

> 스스로의 생각을 키우고, 삶의 기본기를 익히고, 잃어버린 감각을 열어, 이웃과
> 더불어 나누는 곳

그렇게 된다면 일상은 풍요롭고 세상을 살만한 곳이 되지 않을까. 그것이
문화예술교육의 가치에 다가가는 길이지 않을까.

기지, 한국인의 정서 그리고 침묵

복도를 걷어내고 경사로를 새로 만들어 넣었다. 경사로는 공간과 움직임의
중심이자 '기지'의 기본 프로그램을 위한 장소다. 기지에 도착하면 '휠체
어'를 타고 경사로를 따라 건물을 한 바퀴를 돌아야 한다. 그러면 '기지사
용권'이 주어진다. 프로그램의 필수코스다. '더불어 나누는' 알로이시오 기

지의 미션, 세상은 사회적 약자와 함께 사는 곳임을 머리가 아닌 몸이 기억하도록 한다.

기지엔 신발을 벗고 맨발로 움직여야하는 곳이 많다. 온돌의 따뜻함과 목재에 밴 선선함을 몸으로 느끼는 곳이다. 대청마루와 3층. 기지는 잃어버린 감각을 일깨우고, 자연의 변화를 느끼게 만들었다. 그것은 오래전부터 조상들로부터 물려받은 우리의 정서이자 감각이다. 24절기가 여전히 유효하듯 그 감각은 중요하다. 한국적 정서가 담긴 공간도 그래서 필요하다.

아이들이 사는 현대도시의 주거는 마당을 잃어버렸다. 집에서 자연을 경험할 기회가 사라졌다. 기지는 콘크리트를 걷어 텃밭을 만들고, 집을 비워 발코니를 만들고, 옥상에 흙을 채워 잔디를 깔았다. 비 소리를 듣고 바람을 맞이할 장소, 눈 내리는 풍경을 즐길 곳을 담았다. 빈둥거리기를 소망하는 곳이다. 그 정점에 '침묵'을 담았다. 침묵의 방은 스스로를 돌아보는 장소다. 가능한 혼자.

대청마루와 온돌방, 신발을 벗고 들어서는 순간 따뜻한 온기가 쓰는 이에게 닿으면 좋겠다. 아무것도 하지 않을, 그리고 아무것이나 해도 되는 곳이다. 목적이 정해지지 않은 공간은 결국 사람이 채울 것이다.

오감五感, 그리고 어둠

기지는 냄새가 소리가 맛이 그리고 따뜻함이 공간에 배어들어 사람들에게 전달되는 곳으로 만들어졌다. 그리고 잃어버린 어둠의 가치를 다시 찾는 것도 중요하다.

기지에 들어서면 빵 냄새가 방문자를 반긴다. '빵굽는 수녀님'이란 브랜드가 붙은 천연빵을 만드는 곳이다. 수녀회의 후원회장께서 노숙인들의 건강한 한 끼를 위해 개발한 메뉴다. '끼니 대용으로 영양가가 높고 보존성이 좋되 부드럽고 소화 잘되는 빵'. 맛있는 냄새가 방문하는 이의 마음을 열기를 바라며 입구에 배치했다.

천정을 뚫어 만든 공연장인 '알로이시오 홀'과 중앙의 경사로는 소리가 가득한 곳이다. 가장 많은 활동이 생길 장소다. 기지는 좀 시끄러워도 된다. 이곳 아이들이 쓰던 실내체육관의 목재를 활용해 계단식 의자를 만들었다. 이곳에 사용할 고집으로 몇 해 전 뜯어서 보관해왔다. 개관식날 알로이시오 중고등학교 졸업생들의 연주가 홀을 채웠다. 전면에 가득한 영상보다 살이 움직이는 소리가 이곳에 참석한 모두를 엮어 하나로 만든다. 이곳의 주인공은 소리다.

수직농장에서 키운 채소, 옥상 텃밭에서 일군 야채로 '집밥' 음식을 만들어 같이 나누는 곳이 꼭대기 층에 있다. 맛을 위한 곳이다. 집의 부엌구조로 만들었다. 장애인을 위한 요리테이블도 갖췄다. '모두의 식탁'으로 이름 붙인 이 곳에서 만든 음식을 옆 테이블에서 나눠 먹는다. 된장국 냄새가 4

온돌과 대청마루_ 아무것도 안하거나 아무것이나 하거나 ⓒ윤준환

층을 채웠다. 달그락거리는 손놀림에 침이 고인다. 이곳의 주인공은 냄새다. 야외 마당인 '달빛 옥상'이 이곳과 연결된다. 잔디 깔린 옥상에서 장을 담그고, 바비큐 파티를 하고, 빗소리를 들으며 낮잠을 자고, 달빛을 맞이하며 밤을 보내는 곳이다. 식당의 맛이 이곳으로 이어지고 이곳의 요리가 안으로 배달되는 건 자연스럽다. 그러나 이 공간의 핵심은 '어둠'을 맛보는 것이다. 도심에서 사라진 어둠은 이제 일깨워야할 가치가 되었다.

이렇게 감각이 열리고 텅 빈 충만이 생길 때 사람들은 스스로 무언가를 찾지 않을까. 문화도 예술도 교육도.

침묵의 방 ⓒ윤준환

Gizi | 알로이시오 기지 1968

더불어(+) 나누는(-)의 상징 로고. 쓰임이 통합된 기지의 장소들.

예술교육에서
공간이 주는
힘과 가치

강득주

—

서울문화재단 서서울예술교육센터 매니저

강득주는 서울문화재단 예술교육본부 서서울예술센터 매니저로, 문화예술공간 조성·기획·운영에 관심이 많다.
국내에서는 처음인 두 가지 사업에서 경험을 쌓고 있다.
장애인예술가창작공간 '잠실창작스튜디오'와 어린이·청소년 예술교육센터인 '서울예술교육센터'에서 계속해서 성장 중이다.

2016년 10월 8일 서울시 양천구(신월3동)에 국내 최초로 어린이, 청소년을 위한 '예술교육센터'가 문을 연다. 서울시 서남쪽 끝에 있는 폐 산업시설인 구, 김포가압장이 전혀 다른 용도의 시설로 탈바꿈하여 문을 열었다. 센터가 개관 후 필자는 2017년 2월에 이 곳, 서서울예술교육센터 운영을 총괄하는 매니저로 보직 이동되었다. 김포가압장은 2003년에 용도폐기 된 이 후, 리모델링 공사가 시작된 2015년까지 약13년이란 세월동안 방치되어 있었다. 낡은 시설을 다시 재활용하는 점과 리모델링 공사의 예산이나 일정 등 여러 사정으로 개관 후에도 건축물을 포함한 기반시설과 설비까지 안정적인 운영을 위해서는 보완해야 할 점들이 많았다. 또한 현재는 운영이 어느 정도 안정된 서서울예술교육센터의 대표사업인 예술놀이LAB(랩) TA프로그램 운영도 본격적으로 시작 된 2017년에는 꽤나 시행착오를 겪었다. 참고로 지난 5년간 예술놀이LAB(랩) 사업은 한 해도 똑같은 방식으로 사업을 운영한 적이 없다. 이는 매년 시행착오를 개선해 가면서 운영방식을 조금씩 바꾸어 왔기 때문이다. 공간의 운영부터 사업의 운영까지 하나 같이 생소하고 처음 접하는 이슈들이 많았었기에 필자를 비롯한 팀원들과 참여 예술가들은 매일 매일이 모험과도 같았다.

어떠한 시설이라도 처음 문을 열고 운영이 안정되기까지는 시간이 필요하다. 특히 참고사례가 없는 공간은 더욱 그러하다. 시설을 조성한 이해관계자들(공무원, 정치인 등)의 입장에서는 자신들의 임기 내 가시적 성과가 나서 가능한 단시간에 운영이 안정되기를 바랄지도 모른다. 필자가 2011년부터 매니저로 근무했던 잠실창작스튜디오부터 서서울예술교육센터까지 약 10여년의 기간 동안 문화예술공간을 운영한 경험을 돌아봤을 때, 문화예술 공간 하나가 지역에서 자리 잡고 안정적인 운영을 하려면 적어도 5~6년 이상의 시간은 걸린다고 생각한다. 장애예술가 중심의 창작공간과 공간기반형 예술교육센터 운영 모두 국내에서는 처음 시도되는 선례가 없었던 사업 모델이었다. 왜 5~6년 정도가 소요되는 지는 뒤에서 조금씩 설명하기로 하겠다.

다시 돌아와서 '왜 굳이 이런 외곽지역의 오래된 낡은 시설을 예술교육센터로 만든 것인가?' 2017년도의 나는 속으로 이렇게 생각 했었다. 예술교육에서 공간의 필요성은 당연한 인식이다. 하지만 '폐교 같은 공간을 활용하면 될 것을 왜 이런 산업시설을 골랐을까?'하는 문제의식을 가지고 있었다. 센터 운영 5년차가 된 지금, 필자는 전혀 반대의 입장이 되었다. 어쩌면 '폐교'같은 공간을 활용했었다면, 예술교육에서 '공간'이 주는 힘을 제대로 발휘하지 못했을 것이라고 말이다.

서서울예술교육센터에서 운영하는 예술교육사업의 차별점이라고 하면 세 가지를 말씀드리고 싶다.

첫 번째는 프로그램 개발과 운영방식이다. 프로그램 개발과 운영방식은 랩(LAB)운영 방식을 취하며 학교에서 경험하지 못하는 실험적이고 대안적인 예술교육프로그램을 지향하고 있다. 예술놀이LAB(랩)에서는 매년 공모로 약 6~7명의 예술가들을 선발한다. 예술가들은 장르와 예술교육 경

험의 제한 없이 자신의 창작작업과 센터의 공간을 기반으로 놀이적 요소
나 형식을 취한 프로그램을 제안한다. 프로그램의 운영은 결과물보다는 경
험과 과정중심으로 운영된다. 이는 참가자가 프로그램 안에서 낯선 사람
(예술가)을 만나 생소한 공간에서 체험하는 여러 가지 예술적 경험과 개인
이 했던 과거의 경험과 융합하며 발현되는 사고(思考)의 확장을 더 중요하
게 여기기 때문이다. 이것이 서서울예술교육센터가 지향하는 '예술놀이의
정의'라고 할 수 있다.

두 번째는 센터만이 가지고 있는 독특한 공간과 환경이다. 서서울예술교
육센터는 산업시설로 활용되던 공간이기 때문에 공간적으로 우리에게 익
숙하지 않다. 약2,688㎡(813평)에 달하는 거대한 수조와 층높이 12m의 펌
프실까지 이곳에 오면 누구나 경험해 보지 못했던 공간을 거닐며 상상의
나래를 펼쳐보게 하게 된다. 그리고 김포공항 활주로와 인접하여 시시각각
뜨고 내리는 항공기 소음과 비행기가 머리 위에 떠다니는 풍경은 핸디캡
이자 지역적 특징이고 옆에 붙어 있는 서서울호수공원은 덤으로 좋은 자
연환경까지 제공하고 있다.

재미있는 예시를 들어보고자 한다. 우리가 여행을 다니는 이유는 여러 가
지이겠지만 특히 문화가 다른 해외에서 생소하고 낯선 공간과 장소에서
느끼는 감성, 문화적 차이 등을 통해 얻는 상상력이나 정신적인 에너지가
아닐까? 2017년 국제교류를 위해 필란드 아난딸로아트센터를 방문했다.
그 곳 운영책임자, 담당자와 만나 서로의 운영현황에 대한 이야기를 나누
고 돌아왔었다. 그 당시 필란드 헬싱키시를 처음 방문한 필자에게 아난딸
로아트센터의 건축물은 생소함 그 자체였다. 처음 가보는 장소였기에 그
당시에는 공간에서 느끼는 공간감이 그저 신선하게 다가왔다. 하지만 다시
생각해 보면 그건 필자와 같이 해외방문자나 관광객에 해당하는 부분이었
다. 아난딸로아트센터 역시 과거 초등학교 건물을 재활용하여 조성된 공간
이다. 자. 상황을 바꾸어 생각해 보자. 내가 헬싱키에서 태어나 자란 사람이

었다면 아난딸로아트센터를 방문했을 때 공간에서 어떠한 생소함을 느낄
수 있었을까? 아마도 아래의 오른쪽 사진에 보이는 초등학교 사진을 보는
느낌을 받지 않았을까?

(좌)필란드 헬싱키시 아난딸로아트센터 (우) 한국의 초등학교 건물 사진

이런 관점에서 보면 오히려 전혀 다른 용도의 산업시설 공간이었던 김포
가압장 건물이야말로 어느 누가 오더라도 더 많은 생소함과 상상력을 자
극 할 수 있지 않을까? 하는 생각이 들었다. 때문에 폐교의 활용 시 건축물
의 구조는 그대로 활용하면서 외벽에만 알록달록 페인트 칠을 하는 것이
공간이 주는 감각적인 부분에서 차별화가 될 수 있을지는 고민해 볼 부분
인 것이다.

세 번째는 지역공동체와의 거버넌스 운영이다. 서서울예술교육센터는
서울의 서남권역을 담당하는 지역기반의 거점센터로서 지역에서 활동하
는 예술가나 유관기관, 단체들과의 협력을 통한 문화예술, 교육 공동체 활
동의 플랫폼 역할을 지역거버넌스와 함께 하고 있다.
그 중에서 오늘은 두 번째 차별점인 '예술교육 공간'에 대한 이야기를 다루
어 보려고 한다. 서서울예술교육센터 공간에 대한 이해를 돕기 위해 조금
과거로 거슬러 올라가 공간의 태생부터 간략히 언급하겠다.

가압장(加壓場)의 새로운 변신

가압장(加壓場)은 수도 시설의 일부로, 수압을 높여서 고지대 등에 수돗물을 공급하는 시설이다. 김포가압장은 신월정수장과 함께 1979년부터 운영이 되었으며 지금의 서울시 영등포 지역에 수돗물을 공급하던 산업시설이었다. 2003년 영등포 정수장이 생기면서, 두 시설은 함께 용도폐기 되었다. 그 후 신월정수장은 2009년에 '서서울호수공원'으로 조성되었다. 뉴스에 따르면 서울시와 수자원공사와의 보상협의 문제로 김포가압장은 신월정수장과 함께 공원시설로 조성되지 못했다고 한다. 서울시는 이곳을 영어마을이나 청소년 유스타운 같은 곳으로 조성하려고 검토도 하였으나, 항공기소음지역이었기 때문에 반영되지 못했다. 그리고 약 13년간의 방치 후 2014년 서울시와 서울시교육청이 '교육도시 서울 기본계획'을 발표하며 김포가압장을 서울 서남권역의 '아동 청소년 예술교육센터'로 조성하겠다는 발표가 난다.

김포가압장 조성 전 현장사진(외부와 내부)

조성하는 사람 따로, 운영하는 사람 따로

관 주도로 조성되는 공공기관 시설의 태생적 문제는 실제 공간을 운영 할 사람들이 조성단계부터 함께 관여할 수 없다는 점이다. 공간이 가진 지역적 특성이나 거주민들의 특성과 욕구(needs), 면적, 접근성 등 운영과 관련

한 여러 가지 요소들을 실제로 공간을 운영할 사람들이 면밀하게 연구하
여 운영목적에 부합하는지 조사하고, 그 과정에서 지역과도 관계를 맺으며
지역에 필요한 기능과 역할이 정해지고 조성되기를 바라지만, 이것은 아주
이상적인 이야기 일 뿐이다. 당연한 과정이라고 생각할 수 있겠지만, 공공
시설 조성의 현실에서는 쉽지 않은 것 같다. 그렇다고 전혀 사전 연구조사
가 없이 기능과 역할이 정해지는 것은 아니다. 타당성 조사나 기초연구도
진행된다. 하지만 직접 운영 할 주체가 조성 단계에서부터 고민 할 시간이
거의 없다는 점이 늘 아쉬운 점이다. 앞에서 시설이 문을 열고 자리를 잡기
위해서는 적어도 6년은 걸린다고 이야기 한 것은 이런 이유 때문이다. 고
민의 시간이 짧기 때문에 사업의 안정화까지는 더 긴 시간이 소요되는 것
이다. 전례가 없이 최초로 시도되는 사업의 경우는 더 그러하다. 시간만 더
걸리는 것은 아니다. 시행착오를 계속 겪어야 하므로 예산이나 인적자원의
행정력 낭비도 수반될 것이다. 현재 서울문화재단에서 운영 중인 서울시
창작공간들의 경우는 공간을 조성하기 전에 실제 운영을 할 담당인력들이
사전에 채용되어 공간조성과 운영에 대한 준비를 했지만, 최소한의 인력만
투입되었다. 사전 준비기간도 그리 넉넉하지 않았다. 반면 그렇지 않은 사
례도 있다.

광주에 있는 청소년삶디자인센터의 경우는 현 박형주 센터장을 주축으로
약 3년 전부터 당사자인 청소년들과 함께 직접 공간조성에 참여하여 개관
한 좋은 사례라고 생각한다. 정책결정권자. 정책실행자, 공무원들이 새로
운 문화시설 조성 시에 꼭 참여하여 봐 주셨으면 하는 사례이다. 특히 우리
나라는 '최초'라는 타이틀을 아주 좋아하는 것 같다. 하지만 '최초'의 이면
에는 '경험부족'이 있을 수도 있다.

유휴시설 재활용의 함정

필자는 11년 전 서울시창작공간 조성 당시 여덟 개 공간●의 시설 조성을

담당 하였다. 그 중 신축한 문래예술공장을 제외하고는 모두 리모델링하여
기존 건축물을 재활용하였다. 뿐만 아니라 2011년부터 매니저로 근무했던
잠실창작스튜디오 또한 장애인예술가들이 이용하기에 너무 열악한 환경
이어서 2013년도에 대대적인 리모델링을 하였고, 현재 근무하는 서서울예
술교육센터도 리모델링으로 조성된 공간이다. 그리고 지난 11년 동안 리모
델링 공사 이 후 시설의 노후과정들을 지켜보며 필자의 생각은 더욱 확고
해졌다. 결론부터 말하자면, 장점도 있지만, 유휴시설의 재활용에 있어서
항상 관찰되는 점은 단점과 제약이 더 많았다는 점이다.

먼저 장점을 보면, 기존에 사용하던 공간을 전혀 새로운 기능의 공간으로
재활용함으로써 공간에서 느끼는 이용자들의 새로운 감각과 상상력을 자
극할 수 있다는 점은 큰 장점이기도 하다. 폐 시설을 재사용하는 도시 재생
의 방식이 쇄락해 가던 지역을 활성화 시킨다는 점에서는 순기능도 적지
않다. 뿐만 아니라, 새로운 문화정책사업을 시도해 볼 수 있는 계기가 될
수도 있다. 이를 통해 예술가나 기획자 등은 새로운 예술적 실험이나 기획
을 펼치는 기회가 생기기도 한다.

이런 장점을 극대화되기 위해서는 3가지 정도 필요한 조건이 수반되어야
한 다고 생각하는데, 이는 뒤에서 다시 언급하기로 하겠다.

유휴시설 재활용 시 관찰되었던 단점과 제약에 대한 부분은 아래의 네 가
지 사안으로 정리해 보았다.

**첫 번째 리모델링 건축물은 신축보다 더 빠른 노후속도와 시설유지관리
비 부담을 안고 가야 한다.** 신축이든 리모델링이든 공통적으로 공사 후 하
자보증 기간은 최대 3년이다. 3년이 지나면서 부터는 시설유지 관리비에
다시 크고 작은 예산이 들어가기 시작한다. 특히 건축구조적인 문제나 누
수문제는 가장 해결이 쉽지 않은 고질적인 문제이며, 많은 예산을 잡아먹

● 서교예술실험센터, 연희문학창작촌, 금천예술공장, 문래예술공장, 신당창작아케이드, 관악어린이창작
놀이터, 성북예술창작센터 (현, 예술치유허브), 홍은예술창작센터(현, 서울무용센터)

는 원인이 되기도 한다.

두 번째는 시설유지보수 예산의 역행이다. 아무리 중요한 정책 사업으로 시작된 경우라 할지라도, 문화시설의 경우는 가장 많은 예산을 확보할 수 있는 시기는 개관 첫 해이다. 그 이 후부터 시설운영의 예산은 매년 천천히 삭감되어 간다. 더 큰 문제는 공간운영자 입장에서 사업운영비의 마지노선을 지키기 위해서 가장 먼저 빼는 항목이 시설유지보수예산이다. 하자보증이 되는 3년 동안은 버틸 수 있지만 3년이 경과한 후 부터는 시설유지보수비를 오히려 올려가야 하는데, 예산은 해가 갈수록 삭감되는 기이한 역행의 악순환을 맞이하게 된다.

세 번째 공간 활용의 효율성 문제이다. 장점도 있지만 기존에 용도가 있던 시설을 전혀 다른 용도의 시설로 재사용하는 것이기 때문에 공간의 활용측면에서는 항상 제약이 뒤따른다. 건축 구조물의 안전문제로 인테리어 공사 시 충격과 진동으로 제약이 생기는 경우도 있고, (대부분 오래 된 건축물이라서) 낮은 천정고의 공간은 활용의 제약을 주기도 한다. 보다 근본적인 원인은 실제 운영자가 조성계획과 설계에 참여하지 않았기 때문에 오는 이유가 가장 크다고 본다.

네 번째 시설관리 전담 상주인력 부재문제이다. 시설규모의 크고 작음을 떠나서 시설 하나가 안정적으로 운영되기 위해서 기본적으로 관리해야 할 항목들은 큰 차이가 없다. 공간 규모가 작아도 안전에 대한 문제는 경중을 따질 수 없다. 때문에 조성 단계부터 전문성을 갖춘 시설관리 전담직원의 TO를 설정하고 반영하는 것은 중요한 부분이다. 큰 규모인 시설의 경우는 시설관리팀 자체가 존재하는 곳도 있지만 애매한 중, 소규모부터는 용역업체를 통해 일부 대행하고 나머지는 사업을 운영하는 기획행정 인력들이 공간운영과 시설관리까지 겸직하는 경우가 많았다. 이로 인해 업무의 이중고 문제와 시설관리의 전문성을 담보하기 어려운 상황에 놓이게 된다. 더욱이 기획행정인력은 인사이동으로 자리를 옮기거나 퇴사가 발생할 경우 시설과 건물의 히스토리를 파악하기 어려워진다. 이는 시설을 이용하는 시민의 안전과도 연결되는 중요한 문제라고 생각한다.

리모델링보다는 신축

새로운 문화시설을 조성함에 있어서 신축을 하던지 리모델링을 하던지 장점에서의 큰 차이는 없어 보인다. 다만 앞에서 네 가지로 언급한 리모델링 조성의 단점과 제약을 경험 해 본 바, 필자는 오래 된 유휴시설을 활용해 새로운 공간을 조성한다고 하면 가능하다면 신축 조성을 권하고 싶다. 기존 시설이 역사적 의미와 가치가 있는 부분과 흔적은 남겨서 조성시설과 잘 어우러지도록 설계하면 된다.

설계공모보다는 운영주체와 설계자(건축가)가 긴밀하게 공간운영의 철학과 방향성을 공유하고 주변 지역을 충분히 사전 조사한 결과를 바탕으로 설계가 나와야 좋은 설계가 나올 확률이 높다고 생각한다. 대부분 관급공사가 그러하듯이 공공성을 담보하기 위해 설계공모 입찰방식을 많이 취하는 데, 사전조사를 철저히 하고 조건에 맞게 설계를 하여 공모에 응찰하겠지만, 선정 후에 여러 가지 문제로 설계안이 100% 반영되지 못하고 축소된 예산에 맞춰 설계를 변경하거나 그 과정에서 최초 설계안이 변질되는 경우도 허다하다. 결국 운영주체도, 건축가도 만족하지 못하는 이상한 건축물이 되는 경우도 적지 않다.

반대로 민간자본에서 리모델링으로 재생하는 공간은 오히려 찬성하는 편이다. 이런 경우는 실제 운영을 할 경영자(오너) 및 운영주체가 처음부터 직접 모든 과정에 개입하고 고민하여 사업을 추진하기 때문이다. 대부분 상업시설이기 때문에 사업 목적성도 명확할 것이다. 사업운영 통해 수익을 창출해 가며 어느 정도의 추가적인 재투자도 이루어 질 것이고, 소유주가 운영주체인 경우가 대부분이니 외부의 개입에서 자유롭게 꾸준하게 자리를 잡아 갈 수 있을 것이다. 때문에 공공기관 시설조성 방식과의 비교는 어렵다. 단지 차이점에 대해서는 인지하고 참고 할 필요가 있을 것이다.
앞에서 잠시 언급했던 문화시설 조성 시 장점을 극대화시키기 위해 필자가 생각하는 세 가지 조건에 대해 언급하고자 한다.

첫 번째는 조성계획 단계부터 운영주체의 참여 여부

반복적으로 언급되고 있지만, 실제로 시설을 운영할 책임있는 주체들이 고민할 시간을 충분히 주는 것이 중요하다. 시설의 안정화와 사업안착이 더욱 용이해 질 것이다. 이를 통해 예산과 시간, 에너지 등 여러 가지 낭비를 줄일 수 있을 것이다. 초기에 인건비 예산을 충분히 확보하고 책임 있는 정규인력을 충분히 투입해서 조성을 추진하는 것을 강조하고 싶다.

두 번째는 운영 안정화까지의 시간과 예산의 유지

새로운 시설이 주민들에게 인식되고 자리 잡는 데는 물리적인 시간이 쌓여야 한다. 운영직원들 또한 경험을 쌓아가며 능숙해 질 시간이 필요하다. 예산 또한 삭감 없이 유지가 필요하다. 대부분 2년차부터 시설 운영예산은 하향곡선을 그리게 되고, 실적 목표는 그와 반대로 상향곡선으로 요구받는 기이한 상황을 늘 경험하고 목도한다.

세 번째는 휘둘리지 않는 사업운영의 자율성

시설의 수탁 상위기관 담당자의 감독체제 아래에 정량적 실적창출에 집중하는, 위탁사업 형태로는 한계가 있다. 실험적이고 새로운 도전을 하기 에는 한계가 있다. 이해 관점에 따라 장, 단점은 있다. 위탁사업 자체가 나쁘다는 것은 아니지만 지향하는 목표를 보는 관점에서 유리한 방식을 고민할 필요는 있다.

시간과 함께 익어가는 운영철학과 공간의 가치

2019년 10월 25일 광주청소년삶디자인센터에서 '공간, 만들어 가는 문화예술교육'이라는 주제로 열린 콜로퀴엄(한국문화예술교육진흥원 주최)에서 발제자로 만난 광주청소년삶디자인센터의 박형주 센터장을 통해 청소년삶디자인센터의 조성과정 이야기를 아주 흥미롭게 들었던 기억이 난다. 그리고 콜로퀴엄 당시 박형주 센터장 발제문에서 청소년삶디자인센터의 운영철학을 엿볼 수 있는 글이 많은 공감을 주어 이 글에 인용하고자 한다.

> "공간을 만드는 일은 공간의 기능을 넘어 공간의 철학을 필요로 한다, 배움의 공간이 삭막한 이유는 예산 부족 때문이 아니라 무엇이 중요하고 무엇이 필요한지를 모르기 때문이다. 공간 만들기는 궁극적으로 인간의 삶과 행동을 디자인 하는 일이다." ●

필자는 공간의 운영철학이란 것이 단 시간에 그리 쉽게 도출되는 것은 아니라고 생각한다. 앞에서 인용한 글이 오늘 말하고자 하는 예술교육 공간이 가져야 할 중요한 가치와 이어진다고 생각한다. 무엇이 중요한지, 무엇이 필요한 지 고민하고, 부딪혀 보며 공간을 이용하는 당사자들의 입장과 바램. 운영과 관련한 이해 관계자들의 입장과 바램 까지도 담는 고민이 필요하고, 그 고민이 숙성되어 익혀질 시간이 지나야 공간의 존재가치를 보여 줄만 한 운영철학이 완성되지 않을까? 생각한다. 물론 기관이 가진 비전과 미션, 운영전략도 공간의 운영방향이나 철학에 반영되어야 한다. 중요한 것은 공간의 운영철학과 가치는 경험을 통해 익어갈 물리적 시간이 필요하다고 생각한다.

● (출처) 공간, 만들어가는 문화예술교육 〈2019 문화예술교육 3차 콜로퀴엄〉|작성자 아르떼. https://blog.naver.com/artezine/221707660487 https://arte365.kr/?p=76577

2020년 문 앞의 예술놀이 프로그램 중 수수께끼사물놀이(이수진) 결과 전시 중

학교 밖 공간으로 옮겨간 예술교육 신(scene)의 모험

2021년은 서서울예술교육센터가 개관 5년을 맞는 해 이자, 코로나19로 기존의 예술교육 방식을 비대면 방식으로 변화와 실험을 모색해 온 2년차의 해 이기도 하다. 지난 5년을 압축적으로 정리한다면 학교에서 학교 밖 공간으로 옮긴 예술교육 신(scene)의 '탐험과 모험의 시간'이었다. 마치 앞을 알 수 없는 정글 숲을 헤치고 나온듯한 느낌이다. 하지만 여전히 정글 숲의 끝은 보이지 않는다. 처음에는 새로운 길이라 힘들었고, 낯선 길의 탐험은 익숙해 졌지만 여전히 새로운 길에서 새로운 환경을 마주하고 있다.

사업 운영적인 측면에서는 2019년까지 3년이라는 시간동안 대표사업인 예술놀이LAB(랩) 운영과 기타 운영사업들은 시행착오를 겪어가며 어느 정도 안정을 잡아가고 있었다. 개관 이 후부터 동일한 프로그램을 쳇바퀴

외부 수조 전경

처럼 반복하여 돌리는 방식의 운영은 지양하였고, 랩(LAB)운영 방식 안에서 실험적이고 대안적인 놀이형식의 프로그램을 연구, 개발하는 운영방식으로 진행되어 왔다. 프로그램 개발에 있어 가장 중요한 부분은 공간과 매개자로서의 예술가이다. 때문에 매년 어떤 예술가들과 만나게 되느냐는 아주 중요한 문제였다. 예술놀이LAB(랩)에서 활동할 예술가들은 매년 공모를 통해 보통 6~7명을 선발했다. 일부 소수의 연속 선정자를 빼면 대부분 매년 새롭게 만나서 관계를 맺게 된다. 때문에 매년 동일한 프로그램을 운영한 기억이 없다. 랩(LAB)운영 안에서도 예술가들의 활동방식이나 지원방식에 대한 부분도 매년 조금씩 개선되어왔다. 우리가 '행정'이라는 틀 안에서 가능한 방식이라면 항상 예술가들이 프로그램을 운영 할 수 있는 방법을 함께 고민하고 길을 모색했다. 담당자들은 이런 과정이 힘들기도 하지만 이런 과정에서 예술가들과 많은 소통을 하면서 파트너로서의 관계를 맺게 되고 예술가들은 운영직원에 대한 신뢰를 쌓을 수 있게 되었다.

공간적 측면에서는 리모델링 공사 이 후에 부족한 시설과 설비를 보강하고, 공간부족을 해결하기 위한 다양한 시도와 실험을 하였다. 또한 센터가 있는 인근 지역과의 관계형성에도 힘을 기울였다. 공간문제에서는 극복하기 어려운 문제가 두 가지가 있었다. 공간부족과 미세먼지 문제였다. 동시간대에 프로그램을 운영할 수 있는 공간이 부족하여 늘 고민이었다. 그리고 부족한 내부공간과는 반대로 야외에 수조공간은 약 8백 평에 달하는 넓은 면적이지만 날씨영향에 따라 실제 사용 일 수는 많지 않았다. 특히 미세먼지가 제약은 늘 큰 고민거리를 안겨 주었다. 그러다 코로나19가 온 것이다.

위드코로나 & 포스트코로나 그럼에도 불구하고 '공간'

서서울예술교육센터의 지난 5년을 되돌아보면 이제는 코로나 이전의 사업운영과 코로나 이후의 사업으로 나눠야 할 만큼 코로나19로 인한 사회적 거리두기 기간은 계속 장기화 되고 있다. 때문에 모든 사업운영에서 비대면 내지는 비접촉방식을 지향하게 되고 참여자와 예술가의 안전을 살필 수밖에 없다. 코로나가 오면서 지난 2년간 우리는 '비대면'이라는 새로운

2021 문 앞의 예술놀이〈신의 마을(공현진)〉택배준비 및 발송

예술교육 방식에 대해 고민하고 실험하고 있다. 대면이 필수적이었던 기존의 예술교육방식을 겸허히 내려놓고 방식을 완전히 뒤집는 다는 것이 말처럼 그리 쉬운 일이 아니었다. 우리의 몸과 마음은 이미 '대면'이라는 소통방식에 너무 익숙해져 있기에 대면이 아니고서는 소통과 상호작용을 하기 어려울 것이라는 선입견을 깨는 것부터가 난관이었다.

코로나19로 예고 없는 '펜데믹' 사태를 직면하고서야 우리는 예술가와 함께 참여자와 최대한 상호작용 할 수 있는 비대면 방식을 고민하였다. <비대면 = 온라인>이라는 사회적 분위기가 감지 될 때 예술놀이LAB(랩)의 예술가들과 우리는 '온라인'보다는 '오프라인'에 주목을 하였다. 그 이유는 온라인보다는 상호작용 하기 더 용이하다는 판단 때문이었다. 시간이 좀 걸리더라도 온라인 보다는 오프라인으로 소통하는 것이 유리할 것이라 생각했고, 힘들더라도 택배를 2회 이상 주고받으며 소통할 수 있는 방법을 고민한 끝에 < 문 앞의 예술놀이>가 2020년 코로나로 인한 프로그램 운영의 어려움을 어느 정도 극복 할 수 있도록 역할을 했다.

반면, 또 하나의 시도가 있었다. 서울시의 추경(줄여서 추가경정예산) 지원 사업으로 <#모두의 예술놀이> 사업을 운영했다. 온라인 플랫폼 기반의 예술놀이 콘텐츠 개발, 운영을 지원하는 사업이었다. 위 두 사업을 통해서 오프라인과 온라인에서 비대면 방식으로 프로그램을 운영 경험해 보았다. 이를 통해 장, 단점을 명확하게 파악할 수 있었다. 참여자와 예술가가 일대다로 만나는 기존의 대면방식에서는 예술가와 참여자간의 일대일 스킨십이나 소통의 시간이 짧은 점이 아쉬웠다면, 비대면 방식에서는 예술가와 일대일 소통과 스킨십이 더욱 긴밀하게 일어날 수 있었고, 덕분에 자기표현에 수줍었던 참여자들도 예술가에게 자신을 좀 더 드러내며 소통할 수 있다는 장점을 발견하게 되었다. 하지만 가장 큰 단점이라면 현장에서만 느낄 수 있는 (작지만 아주 섬세한)예술적 감각과 감정을 온라인으로 전달하기에는 한계가 있었다. 이런 부분은 특히 시각예술보다는 공연예술분야에서 더욱 두드러지게 나타났다. 이러한 문제 때문에 2년이라는 코로나 기간을 거치며 현재 우리는 예술교육의 장을 메타버스●의 세계로 눈을 돌리고 있다. 이미 발 빠른 이들은 다양한 메타버스 플랫폼 안에서 새로운 프로그램 방식을 구축해 나가고 있을지도 모른다. 반면 일부의 고집 있는 예술가들 사이에는 그럼에도 메타버스 공간보다는 직접 만나는 대면과 현장에서 직접 느끼는 예술적 경험을 강조하기도 한다. 이러한 2020년을 경험하면서 사회적으로는 ESG 경영●●이라는 지속가능한 미래를 위한 새로운 경영의 패러다임 전환이 이루어지고 있다. 이를 선제적으로 반영하여 서서울예술교육센터는 21년 예술놀이LAB(랩) 프로그램에 <문 앞의 예술놀이>와 함께 <내일은 예술놀이>를 신설하여 4차 산업혁명이나 기후위기, 친환경 등 다가올 미래에 대한 이슈를 다루는 프로그램 개발에도 노력을 기울였다.

예술놀이LAB(랩) 운영에 있어서 중요한 포인트는 예술가들이 랩(LAB)과 센터의 공간을 기반으로 프로그램 개발과 연구를 하여 공간에 최적화 된 프로그램을 구상하거나 지역의 특성과 대상을 고려한 프로그램을 개발하고 운영해 왔다. 하지만 그런 것들이 코로나로 퇴색해 가기 시작했다. 프로그램을 운영하는 방식도 주로 택배나 줌(zoom)과 같은 온라인 미팅 플랫폼을 주로 활용하게 되면서 공간이용률 또한 줄어들고 있는 것이다. 그럼에도 우리는 주어진 공간을 활용하기 위한 새로운 방식을 시도해 보게 되었다.

● 메타버스(Metaverse)는 '가상', '초월' 등을 뜻하는 영어 단어 '메타'(Meta)와 우주를 뜻하는 '유니버스'(Universe)의 합성어로, 현실세계와 같은 사회·경제·문화 활동이 이뤄지는 3차원의 가상세계를 가리킨다. 메타버스는 가상현실(VR, 컴퓨터로 만들어 놓은 가상의 세계에서 사람이 실제와 같은 체험을 할 수 있도록 하는 최첨단 기술)보다 한 단계 더 진화한 개념으로, 아바타를 활용해 단지 게임이나 가상현실을 즐기는 데 그치지 않고 실제 현실과 같은 사회·문화적 활동을 할 수 있다는 특징이 있다. (네이버 지식백과) 메타버스 (시사상식사전, pmg 지식엔진연구소)

●● 'Environment' 'Social' 'Governance'의 머리글자를 딴 단어로 기업 활동에 친환경, 사회적 책임 경영, 지배구조 개선 등 투명 경영을 고려해야 지속 가능한 발전을 할 수 있다는 철학을 담고 있다. ESG는 개별 기업을 넘어 자본시장과 한 국가의 성패를 가를 키워드로 부상하고 있다. (네이버 지식백과) ESG (매일경제, 매경닷컴)

시차별 공간을 이동하는 프로그램 〈보물섬의 비밀을 찾아서(이수진)〉

시차를 두고 공간을 이동하며 경험하는 예술놀이프로그램의 시도로 공간을 직접 느끼며 공간에서 프로그램을 운영하되, 참여자는 예술가와 거의 접촉하지 않는다. 하지만 예술가는 현장에 있다. 참여자는 예술가가 꼼꼼하게 만들어 놓은 오디오 가이드를 들으며 예술가의 계산대로 설명을 듣고, 사색을 하며 공간을 이동하면서 미션을 수행하듯이 프로그램에 참여한다. 그 안에서 과거 우리가 지향하던 현장성과, 참여자가 느끼는 낯선 공간적 경험을 통해 사색, 상상력 발현 등 공간 기반 예술교육의 새로운 가능성을 확인하고 있다.

아직도 보완해야 할 부분은 있겠지만, 적어도 서서울예술교육센터에서 지향하던 예술놀이의 가치를 지켜가며 공간을 충분히 활용할 수 있다는 측면에서는 긍정적이다. 바로 이런 것이 예술교육이 공간을 통해 발휘할 수 있는 가치이자 가능성이 아닐까? 생각한다.

코로나가 종식된다면 예술교육의 방식은 다시 복귀될 것인가?

우리는 하루라도 빨리 코로나가 없는 삶을 희망한다. 다시 예전처럼 마스크 없이, 사람 간에 경계심 없이 편안한 소통을 하기 원한다. 그래야만 예술가들의 위축된 창작활동이 더욱 활성화되고 시민들의 문화향유도 더 활발해 질 것이라 믿는다. 만약에 예술교육이 공간 없이 계속 학교 공간에만 기대고 있었다면 어떠했을까? 프로그램 운영 방식과 질은 어떻게 달라졌을까? 생각해 보면 긍정보다는 부정적인 생각이 더 많이 떠오르게 된다. 언젠가 코로나가 종식되는 날이 오더라도 예술교육의 방식이 한 순간에 비대면 방식을 버리고 다시 기존의 대면방식으로 복귀할 지는 생각해 볼 문제인 것 같다. 중요한 것은 예술교육 신(scene)이 펼쳐지는 공간의 유무(有無)와 활용방식의 변화 일 것이다. 예술가들이 프로그램을 연구, 개발하여 운영하는 방식은 결국 공간 활용을 어떻게 가져가느냐에 따라 달라질 수도 있을 것이다. 이제부터라도 새로 조성되는 문화시설사업이 있다면 (굳이 유휴공간이 아니더라도) 어떤 공간을 발굴해서 어떻게 조성 할 것인가? 그리고 그 공간에서 무엇을 할 것이고, 무엇이 중요한 가치인지를 직접 운영을 할 사람에게 책임과 권리를 부여하고, 고민할 충분한 시간과 지지를 해 주는 것이 어떨까? 생각한다.

내 이야기로
마음껏 만들어보는
작업실,
스토리스튜디오

김정민
—
도서문화재단 씨앗 콘텐츠랩 실장

김정민은 '스토리스튜디오'와 '스토리라이브러리'를 총괄하며 12-19세 청소년 누구나 안전한 제3의 공간에서 자신의
고유한 이야기를 쌓아갈 수 있도록 '탐색하고 '표현'하는 경험을 촉진하는 콘텐츠 실험을 하고 있다.
현대자동차 마케팅전략팀과 국내광고팀, AWS (Amazon Web Services)에서 디지털 마케팅 매니저로 일하다
2018년 C Program의 커뮤니케이션 매니저로 합류했고,
현재는 도서문화재단 씨앗의 콘텐츠랩 실장으로 일하고 있다.

"여긴 어른 없는 천국 같아요. 왜 뉴스에 안 나오죠? 이런 곳이?"

"저녁 먹는 것보단 스토리스튜디오('스스')에요. 집에 안 가고 영원히 스스에 있고 싶어요"

"스스는 한 번도 안온 사람은 있어도 한 번만 오고는 못 배길 것 같아요. 못 오면 못 왔지 안 오지는 않을걸요? 계속 생각날 것 같아요"

"스스 문을 나서고 나면 다음에는 뭘 만들지 바로 이야기하기 시작해요. 차에서부터 집에 갈 때까지 계속 그 이야기뿐이에요. 평일에 이거 해볼까? 하고 시도하고 싶은 게 생기면 토요일에 스스가서 해야지라고 생각해요. 그러면 토요일이 더 기다려져요."

"저에게 스스란 최고의 작업실이에요. 제가 원하는 걸 다 해볼 수 있어요."

"많은 작업을 할 수 있는 스스는 꿈의 공간이에요. 다양한 작업을 할 수 있고 재료바도 계속 바뀌는 게 좋아요. 저에게 스스란 내 생각을 표현하는 공간이에요. 공간도 아늑하고 창작할 수 있는 재료들도 다양하고, 벽에 붙어 있는 정보도 많고 다른 친구들의 작업물도 재밌고 마음을 안정시켜주는 음악도 나오고, 무엇보다도 어른들이 안 들어와서 좋아요."

스토리스튜디오는 이야기를 사랑하는 12-19세를 위한 열린 작업실로 혜화역 2번 출구, 구 샘터 사옥인 '공공일호' 건물 3층에 위치하고 있다. 스토리

스토리스튜디오에 대한 생각을 표현한 스스러들의 작업물 ©C Program, 도서문화재단 씨앗

스튜디오를 경험하는 12-19세 청소년을 '스스러'라고 부르는데, 2020년 6월 정식 오픈한 이후 줄곧 코로나 상황이었음에도 불구하고, 스스러들의 경험 시간이 누적 12,000시간을 넘을 정도로 사랑을 받고 있다.(2021년 9월 기준) 가장 많이 온 스스러는 100회를 넘게 방문했으며 시간을 가장 오래 보낸 스스러는 지금까지 무려 310시간을 스스와 함께 했다. 문을 열기 전에 와서 운영자와 같이 하루를 시작하고 9시간 동안 스스를 이용한 스스러도 있다. 이는 비단 몇몇 친구만의 특징이 아니다. 스스러 평균적으로 한 번 방문했을 때 약 2시간 32분을 머무르며, 스스러 한 명당 평균 5시간 49분, 무려 6시간에 가까운 시간을 스스에서 보낸다.

"요즘 10대는 시간이 없어서요", "집, 학원 말고는 갈 여유가 없어요"라고 당연시되었던 통념에 '잘 기획한 제3의 공간이라면 청소년들이 시간을 모아 스스로 찾아올 수 있다'는 새로운 메시지를 전달하기 위해 매일매일 노력하고 있는 스토리스튜디오는 과연 어떤 공간일까?

스토리스튜디오의 시작

저자가 근무했던 씨프로그램은 다음 세대의 건강한 성장을 미션으로 하는 벤처 기부 펀드로, 도서관에 어린이와 청소년을 위한 새로운 형태의 제3의 공간을 만들고 늘려가는 일에 집중해왔다. 특히 10대 초중반(12-16세, 어린이와 청소년 사이의 긴 세대로 트윈세대(Teenager + between)라고 불리기도 한다.)에 주목하여 어린이에서 청소년으로 전환하는 시기에 필요한 다양한 자극과 영감을 주는 콘텐츠와 공간을 실험한다. 2019년부터 도서문화재단 씨앗과 함께 'space T 프로젝트'라는 이름으로 여러 전문가팀과 협업하여 공간을 만들고 공간 안정화를 위한 후속 작업을 지원하고 있는데, 그렇게 만든 최초의 space T가 바로 전주시립도서관의 트윈세대 전용공간 '우주로1216'이다.

우주로1216을 조성하기 전에 전주시 트윈세대(12-16세)들의 일상 및 욕구

요즘 흥미 있는 것은 …

즐겨 보는 유튜브 채널은 … orange jellybean

나의 특별한 취미

나의 특별한 취미

나만의 특별한 취미는 __덕질__ 이다.

내가 요즘 흥미 있는 것은 시사IN을 보는 것이다.

전주 트윈세대 전용공간 프로젝트 조사 결과 ©C Program, 도서문화재단 씨앗

를 조사하기 위해 전문가팀과 함께 청소년 400여 명을 대상으로 대대적인 리서치를 진행했다. 이 리서치가 바로 스토리스튜디오를 본격적으로 만들게 된 단초가 되었다. 10대들은 각자의 취향보다는 대세 아이돌, 대세 유행템을 좋아하는, 대세를 따르는 세대일 거라는 선입견을 와장창 깨뜨린 결과를 마주한 첫 순간이기 때문이다.

자주 보는 유튜브 채널부터 요새 빠져있는 것, 특별한 취미, 앞으로 해보고 싶은 꿈 등 질문에 대한 대답 하나하나가 저마다의 이야기를 담고 있었다. '덕질'이라는 하나의 표현으로 묶여 버리기엔 아쉬운 이야기들. 덕질이란 결과는 같을지 몰라도, 덕질의 대상과 대상을 좋아하게 된 이유가 조금씩 달라지는 시기. 조사 결과를 뜯어보면 볼수록, 어린이 티를 벗어나면서 좋아하는 취향과 그 이유가 점차 뚜렷해지는 10대 청소년들에게 저마다의 이야기를 탐색하고 표현할 수 있는 기회와 공간이 필요하다는 생각이 들었다. 특히 10대 청소년들이 '과정' 속에 있는 미완성의 존재이거나 배워야하는 학생이기보다, 지금 이 순간 완성된 한 사람으로서 존중해주는 시간과 공간이 주어진다면 어떤 이야기들이 펼쳐질지 궁금해졌다. 본격적으로 정체성을 만들어가는 10대라는 시기에 자신과 타인, 세상을 마음껏 탐험하고 또래들이 만나 자유롭게 취향을 공유하는 공간, 각자의 이야기를 꺼내 콘텐츠를 만들며 서로 영감을 주고받을 수 있는 그런 공간을 꿈꾸며 스

"이야기를 ___ 한다"

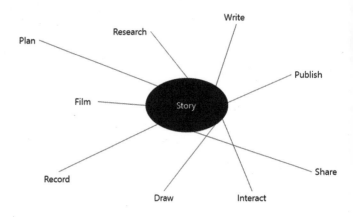

다양하게 경험할 수 있는, 12-19세를 위한 열린 작업실

스토리스튜디오의 초기 기획안 ©C Program, 도서문화재단 씨앗

토리스튜디오를 만들었다.

또한 모든 사람이 창작자가 되는 미래를 살아갈 10대 청소년에게 더더욱 필요한 공간이라고 생각했다. 2021년의 10대 청소년들에게는 일기를 비롯한 자신의 이야기를 SNS에 콘텐츠로 포스팅하고 공유하는 행위가 너무나도 일상적이고 익숙하다. 이는 미래를 살아갈 10대들이 타인의 콘텐츠를 읽고 보는 독자이기도 하지만, 직접 콘텐츠를 만들고 기획하는 창작자로서의 역할이 부상하고 있음을 의미한다. 그래서 자신의 취향, 관심사, 호기심, 고민 등 자신의 '이야기'를 꺼내어 원하는 형태의 작업물로 기획, 표현, 창작할 수 있는 작업실, 스토리스튜디오의 컨셉에 확신을 느꼈다.

이야기를 만나고 이야기를 만드는 스토리스튜디오

앞서 스토리스튜디오를 이렇게 소개했다. 이야기를 사랑하는 12-19세를 위한 열린 작업실, 내 이야기로 마음껏 만들어볼 수 있는 작업실. 이러한 표현에서도 알 수 있듯이 스토리스튜디오의 경험을 관통하는 거대한 두 가지 단어가 있다. 바로 '작업'과 '이야기(스토리)'이다. 스토리스튜디오를 소개하려면 스토리스튜디오가 생각하는 '작업'이란 무엇인지, '이야기'가 무엇인지를 빼놓을 수 없다.

먼저 '작업'에서 시작해보자. '작업, 작업실'이라고 하면 무엇이 떠오르는가? 대개는 작업실이라고 하면 무언가 만드는 공간, 뚝딱뚝딱, 창작하는 재료와 도구를 떠올린다. 혹은 목공방을 떠올리기도 한다. 그러나 스토리스튜디오가 생각하는 작업은 만드는 행위만을 의미하진 않는다. 그 이상으로, 누구든 자율적인 주체로서 본인이 하고 싶은 무언가에 대해 스스로 계획을 세우고 마음껏 시도해보는 경험을 의미한다. 즉, 스토리스튜디오에서의 작업은 만드는 행위로 나타날 때도 있지만, 콘텐츠를 보거나 기획하거나 조사하거나 공유하는 것과 같은 경험으로 나타나기도 한다. 어떻게 발현되든 가장 중요한 것은 자신이 해보고 싶던 것을 스스로 시도한다는 점이다. 그래서 스토리스튜디오는 단순히 만드는 공간 이상으로, 무언가 새롭게 해보고 싶고 시도하고 싶고 그 시도가 꾸준히 이어지는 작업실이 되고자 노력하고 있다.

콘텐츠를 보고 읽는 작업 중인 스스러들의 모습 ©C Program, 도서문화재단 씨앗

스스로 검색하고 발견, 시도할 수 있도록 배려한 장치들 ©C Program, 도서문화재단 씨앗

두 번째 단어인 '이야기'를 살펴보자. '이야기'라고 하면 대부분 글을 쓰는 행위를 떠올리거나 소설가나 작가처럼 전문가들만 할 수 있는 작업이라는 생각을 하는 경우가 많다. 스토리스튜디오에서는 이야기에 대해 크게 두 가지 생각을 가지고 있다.

첫째, 모든 청소년에게는 자신만의 고유한 이야기가 있다. 스스로 누구든 들려줄 이야기가 있는 스토리텔러라고 믿으며 마음 속 이야기를 표현하고 공유할 수 있는 기회와 환경을 만들고자 노력한다.

둘째, 이야기의 형태가 다양할 수 있다. 누군가에겐 이야기가 글일 수도 있지만 누군가에겐 무기(조형)일 수도, 포스터(그림)일 수도, 음악일 수도 있다. 이렇게 저마다 편안하게 꺼낼 수 있는 이야기의 형태가 다르다는 점을 고려하여 다양한 형태, 장르의 작업을 지원한다. 글, 그림 등 정적인 작업부터 조형, 목공 등 동적인 작업까지 아우를 수 있는 공간, 아날로그와 디지털 작업이 모두 가능한 공간으로 구성한 이유가 누구든 가장 편안한 형태로 이야기를 꺼낼 수 있길 바라는 마음 때문이다. 그렇다면 스토리스튜디오에선 과연 어떤 경험이 일어나고 있을까? 지금부터 자세히 살펴보자.

각자의 관심사, 호기심을 보여주는 스스로들의 작업물 ©C Program, 도서문화재단 씨앗

스토리스튜디오의 작업 풍경

스토리스튜디오는 셀렉션존, 커뮤니케이션존, 크리에이션존으로 구성되어 있다. 이러한 이름은 운영자들이 편의 상 공간 운영을 위해 사용할 뿐, 대외적으로는 공간별로 이름을 따로 구분하지 않는다. 다만 공간별로 더 많이 목격하고 싶은 풍경이 있었기에 창마다 이런 표현을 적어두었다.

읽고, 보고, 생각하고, 느끼고, 깨닫고
듣고, 관찰하고, 밝히고, 겪고, 건네고, 알리고
쓰고, 엮고, 그리고, 찍고, 짓고, 빚고, 부수고

단어에서 느낄 수 있듯이 스토리스튜디오에서 주요하게 나타나는 작업 경험은 탐색 (때로는 탐색형 휴식), 창작, 공유다. 이 3가지 경험이 꽉 짜여 있기 보다는, 스스로들이 경험을 스스로 선택해가며 자기만의 몰입과 흐름의 동선을 만드는 것이 특징이다. 또한 한 가지 경험으로 치중되기보다는

스토리스튜디오 공간 곳곳에 붙어있는 단어들 ⓒC Program, 도서문화재단 씨앗

여러 경험을 자연스럽게 넘나들며 다양한 형태의 작업으로 발현되는 것을 목격할 수 있다. 스스러들의 대표적인 작업 풍경을 스토리스튜디오 운영자들이 매일 꼼꼼히 관찰, 기록하는 '매일의 기록' 일지를 통해 소개한다.

"___는 평소에 하던 대로 영상도 만들고 책도 쓰고 하면서 아침 10시부터 저녁 7시까지 총 9시간을 보냈다. 오후에 점심 먹고 돌아올 때는 직접 흰색 무지 티셔츠를 구매해와서 티셔츠에 게임 캐릭터를 그리기도 했다. 완성한 티셔츠는 옷걸이에 걸어 전시했다."

"스토리스튜디오에 처음 방문한 ___는 여러 프로그램을 써보며 그림도 그려보고 음악도 만들어보며 시간을 보냈다. 나중에는 책도 보고 영상도 만들며 시간을 보내고 플리파클립 애니메이션을 만들며 놀았다."

"자매가 함께 왔다. 언니는 아이패드를 가지고 다양한 디지털 드로잉 작업을 진행하고, 마지막엔 아이패드에 그림을 띄워서 종이로 따라 그리는 아날로그 드로잉까지 시도했다. 동생은 패브릭을 모아 강아지 베개도 만들고 3D 집짓기

앱으로 집을 만들어보기도 했다."

"___는 오자마자 다음에 친구와 함께 찍을 영상 캐릭터를 만들었다. 그리고 책을 만들어도 되냐고 해서 다른 친구가 만든 책을 보여주자 자기도 해보겠다고 하더니 엄청난 이야기 책을 만들고 집중해서 그림까지 그렸다. 그리고는 서가에 자신의 책을 놓는 공간을 만들어 전시했다."

"___는 유튜브를 보면서 와콤펜을 써봤는데 대화를 나눠보니 오늘 처음 써봤다고 했다. 어느 정도 작품을 마무리하고는 보건교사 안은영 책을 꽤 오랫동안 읽고 생각난 것을 포스트잇에 적었다. 이후 종이에 그림을 그리고 그 위에 뭔가를 붙이는 만들기를 하고 집에 갔다."

"___는 주먹왕 랄프를 보고 애니메이션을 만들고 싶다고 이야기했다. 운영자가 플리파클립을 보여줬고 시도를 해보는 모습이었다. 이후에는 영상을 만들어보고 싶다며 예전에 쓰던 '사과 이야기' 책의 주인공 사과를 지점토로 만드는 조형 작업을 했다."

처음 온 날, 책도 읽고 디지털 드로잉도 하고 만들기도 하고 간 스스러 ⓒC Program, 도서문화재단 씨앗

작업 풍경에서도 볼 수 있듯이 스스러들은 매번 올 때마다 새로운 시도를 하고 하나의 경험에 머무르는 것이 아니라 탐색, 창작 등 여러 경험을 넘나들고, 하나의 작업만 고집하기보다는 다양한 형태, 장르의 작업을 경험한다. 이러한 경험을 촉진하는 스토리스튜디오의 콘텐츠는 과연 어떤 것일까?

콘텐츠란, 프로그램이 아닌 경험과 환경

스토리스튜디오가 생각하는 콘텐츠란 이용자 누구든지 정해진 시간이나 짜여진 커리큘럼 없이 물리적 환경 속에서 언제든지 선택할 수 있는 '경험의 단위'에 가깝다. 스스러들이 올 때마다 새로운 작업을 시도해보고 싶고, 스토리스튜디오에 여러 번 또 오고 싶게 만들고, 12세인 스스러들이 19세가 될 때까지 계속 찾아오고 싶은 공간이 되기 위해 제공하는 모든 것이 콘텐츠다. 이 공간에서 이것도 해볼 수 있고 저것도 해볼 수 있다고 여겨지는 경험의 재료와 자원. 예를 들어 독서라면 책뿐만 아니라 책의 종류, 배치, 책까지 다가가는 동선, 책 주변의 가구, 책을 둘러싼 환경 등 책을 집어 들게 하고 독서로 유도하는 전반의 장치가 전부 콘텐츠라고 생각한다.

이러한 맥락으로 콘텐츠를 고민하다 보면 결국 경험을 촉진하는 '환경'에 대한 생각으로 이어진다. 콘텐츠의 최종 목표는 결국 이용자가 반응하는 환경을 만드는 것이기 때문이다. 반응하는 환경을 만드는 노력은 공간, 가구 배치일 수도 있고, 새로운 이용수칙일 수도 있고, 운영자들의 업무 프로세스로 이어지기도 한다. 콘텐츠부터 환경까지 스토리스튜디오에서는 기본적으로 2가지 가치를 안정적으로, 지속적으로 제공하기 위해 노력하고 있다.

첫 번째 가치는 심리적인 안전함 (emotional safety)이다. 이는 이용 수칙과 운영 원칙 기저에 깔려 있는 기본 가치이기도 하다. 12-19세가 아닌 어른들은 출입할 수 없다는 점, 신발을 벗고 이용한다는 점, 닉네임을 쓴다는 점, 운영자가 적당한 거리를 지켜준다는 점 등이 해당된다. 집, 학교가 아닌 제3의 공간이라는 점도 누군가의 자녀, 어떤 학교의 학생이 아닌 '나'로서 오롯이 존재하게 만드는 안전한 장치가 된다.

두 번째 가치는 창작하는 자신감(creative confidence)이다. 이는 매번 바뀌는 상시, 수시 콘텐츠를 아우르는 핵심 가치다. 스토리스튜디오의 모든 콘텐츠는 '한번 해보고 싶다', '해볼만 하겠는데?'의 마음을 불러일으키고 시도하게 만드는 것을 지향한다. 예를 들면 어른을 비롯한 타인의 개입을 최소화하고 스스로 검색하고, 발견하고, 시도하고, 완성해볼 수 있는 환경을 제공하는 것이나, 전시되어 있는 다른 또래의 작업물을 통해 슬그머니 영감을 작업해보고 싶게 옆구리를 찌르는 것, 혹은 스스러들이 부모님, 선생님이 아닌 제3의 어른과 만나 작업의 영감을 주고 받는 기회와 판을 짜는 것이기도 하다. 그렇다면 과연 스토리스튜디오에서는 구체적으로 어떤 콘텐츠를 제공하는 걸까?

상시 콘텐츠와 수시 콘텐츠

스토리스튜디오에서는 콘텐츠를 크게 두 가지로 분류하고 있다. 커리큘럼이나 선생님 없이 언제든지 스스로 시작하고 시도할 수 있는 '상시 콘텐츠'와 평소에 해보고 싶던 낯선 경험을 압축적으로 접하는 '수시 콘텐츠'이다. 이 두 가지 콘텐츠는 스스러들, 즉 10대 특성에 기반한다. 먼저 상시 콘텐츠를 살펴보자. 10대가 되면서, 특히 중학교 전후로 청소년들의 시간이 더욱더 희소해진다. 그래서 10대 청소년들이 각자의 스케줄에 맞게 공간에 찾아왔을 때 언제든 항상 즐길 수 있는 '볼거리, 할 거리'가 있는 것이 중요하다. 스토리스튜디오에서 적극적으로 제공하고 있는 상시 콘텐츠는 다음과 같다.

영감이 필요할 때 찾는 멀티포맷 콘텐츠

책도 읽고 영화도 보고 다양한 포맷으로 이야기를 즐기는 모습 ©C Program, 도서문화재단 씨앗

누구든 저마다 선호하는 콘텐츠 포맷으로 이야기를 만날 수 있도록 책 외에도 웹툰, 영화, 애니메이션, 다큐멘터리 등 다양한 콘텐츠를 큐레이션 하여 제공한다. 최근에는 스스러(이용자)들이 직접 추천하는 콘텐츠들을 엄선하여 큐레이션하고 있는데 반응이 좋다.

매번 다르게 시도할 수 있는 재료바와 지류함

책도 읽고 영화도 보고 다양한 포맷으로 이야기를 즐기는 모습 ©C Program, 도서문화재단 씨앗

각자의 이야기를 담은 다양한 결과물이 나올 수 있도록 결합, 해체, 활용 방식이 무궁무진해서 매번 다른 결과로 이어질 수 있는 아날로그, 디지털 재료들을 제공한다. 아날로그 재료는 조형, 뼈대, 연결 등 다양한 작업 방식을 지지하고, 디지털 재료(앱, 프로그램 등)는 그림부터 애니메이션, 영상까지 폭넓은 작업이 가능하면서도 누군가의 도움 없이 바로 써볼 수 있는 난이도의 콘텐츠로 선정했다.

언제든 스스로 시작과 끝을 정하는 기획형 프로그램 (전문가 협업)

책도 읽고 영화도 보고 다양한 포맷으로 이야기를 즐기는 모습 ©C Program, 도서문화재단 씨앗

스토리스튜디오 초기 세팅부터 함께 해온 전문가 파트너 '페이퍼풀즈(서울연필)'와 지속적으로 실험하고 있는 영역이다. 작업에 익숙하지 않은 친구들부터 여러 차례 스토리스튜디오에 방문한 친구들까지 새로운 자극, 낯선 경험을 제공하기 위해 잘 기획된 콘텐츠를 만들고자 긴밀히 협업하고 있다.

또래 스스러들의 작업물

1년 넘게 공간을 운영하면서 가장 크게 깨달은 점이기도 하다. 또래 작업물, 창작물은 그 어떤 콘텐츠보다 훌륭한 자극과 원동력이 된다. 스토리스

완성 후 전시가 일상이 된 모습 / 전시물 큐레이션 ©C Program, 도서문화재단 씨앗

다른 스스러들의 작업물에 영감을 받는 모습 ©C Program, 도서문화재단 씨앗

튜디오에서는 스스러라면 누구든 완성 후 본인이 원하는 공간에 작업물을
전시할 수 있으며, 운영자들은 정기적으로 작업물을 큐레이션 한다.
이외에도 스토리스튜디오에서는 10대 청소년들이 저마다의 작업을 지속
하고 새로운 영감을 받을 수 있도록 온, 오프라인을 넘나들며 다양한 수시
콘텐츠를 운영하고 있다. 스토리스튜디오의 수시 콘텐츠는 크게 두 가지,
'제3의 어른'과 '운영자 주도'콘텐츠에 집중하고 있다. 여기서 '제3의 어른'
은 집에서 만나는 부모님, 학교에서 만나는 선생님을 제외하고 제3의 공간

에서 만날 수 있는 모든 어른을 의미한다. 스토리스튜디오에서는 10대 스스러들이 평소 집, 학교에서는 만나기 어려운 어른들, 특히 자신만의 길을 만들어가는 창작자, 기획자 어른들과 연결될 수 있도록 다양한 세팅의 만남을 실험해왔다. 누구를 섭외할지부터, 만나서 어떤 대화를 나눌지까지 프로세스 전반에 걸쳐 10대들의 목소리를 반영하고자 노력하고 있다. 예를 들면 10대 스스러들과 제3의 어른이 온라인에서 만나 대화를 나눌 경우, 그들이 해당 제3의 어른에 대해 궁금해하는 것들, 즉 신청 폼에 남겨준 사전 질문에 100% 기반하여 콘텐츠를 구성한다. 이와 동시에 행사를 유튜브 라이브로 진행하면서 실시간 질문도 최대한 답변하기 위해 노력한다.

지난 1년여간 10대 청소년과 제3의 어른을 연결하며 가장 크게 느낀 점은 그들이 원하는 건 친해지고 싶은 어른 친구도, 그대로 따라 하고 싶은 롤모델도 아니라 참고할만한 구체적인 영감을 가진 '레퍼런스'로서의 어른을 찾고 있다는 점이다. 그래서 스토리스튜디오에서는 제3의 어른과 스스러들이 일반적인 어른과 청소년의 관계가 아니라, '미래의 동료'이자 '작업자

스스러들과 제3의 어른의 만남 ©C Program, 도서문화재단 씨앗

스토리스튜디오 운영자가 직접 기획, 운영하는 콘텐츠 ©C Program, 도서문화재단 씨앗

대 작업자'로 동등하게 만나 서로 좋아하는 작업을 공유하고 함께 작업할
수 있는 기회를 만들고 있다. 연결의 형태는 여전히 다양하게 실험 중이다.
작업 단계에 따라 평소 궁금했던 질문을 마음껏 해소할 수 있는 '만남과 대
화'의 자리를 선호하기도 하고 만나서 함께 작업하는 '워크숍'의 자리를 선
호할 때도 있기에 제3의 어른들이 스스러 한 명 한 명의 소중한 재료, 도구
가 될 수 있도록 앞으로도 다양한 실험을 이어갈 예정이다.

스토리스튜디오에서 주목하는 또 하나의 중요한 수시 콘텐츠는 '운영자
주도' 콘텐츠다. 매일 운영자가 공간에서 스스러들을 만나며 목격했던 작
업 풍경에서 혹은 함께 나눈 대화에서 필요성을 포착해 직접 기획하고 운
영하는 콘텐츠라고 볼 수 있다. 특히 좋아하는 것을 공유하는(서로 모르
는) 또래들이 온, 오프라인에서 만나서 서로의 취향을 안전하게 공유할 수
있는 기회를 만드는 것에 집중한다. 스토리스튜디오 운영자제충만 매니저
(일명 '만 매니저')와 육예은 매니저(일명 '육 매니저')가 앞으로 만들어갈
새로운 실험을 응원의 마음으로 지켜봐주길 바란다.

스토리스튜디오의 콘텐츠는 누가 어떻게 만들까?

이토록 촘촘한 스토리스튜디오의 콘텐츠가 어떤 한 사람, 혹은 어떤 한 순간의 영감을 통해 만들어졌을 리 만무하다. 이는 운영자('만 매니저'와 '육 매니저')와 전문가 (페이퍼풀즈(서울연필))를 비롯한 수많은 사람들의 노력, 그리고 운영자들이 매일매일 쌓아온 기록, 관찰 데이터가 쌓여 가능한 결과물이다. 10대들의 반응 데이터를 쌓고, 분석하고, 회고하는 것에서 스토리스튜디오의 모든 콘텐츠가 시작한다.

그렇다면 어떤 데이터를 어떻게 쌓을 수 있을까? 특히 사춘기에 접어드는 10대 대부분의 경우 대화를 크게 선호하지 않는 만큼, 언어적인 반응만 가지고 콘텐츠를 기획하긴 어렵다. 그래서 스토리스튜디오에서는 그 외의 데이터, 예컨대 작업물이나 사전/사후 설문 데이터 등을 적극적으로 모아 분석하고 활용하고 있다. 특히 작업물은 이용자들의 관심사를 다양한 형태로 알 수 있는 훌륭한 데이터다. 작업물에는 이를 만든 사람의 관심사나 좋아하는 것, 혹은 고민이나 걱정거리가 담겨있다. 또한 작업물을 기반으로 대화를 시도하면 일상적인 대화로는 닿기 어려운, 마음속 깊은 곳의 이야기로 쏙 들어가기도 한다.

스토리스튜디오 밖을 넘어, '확산'의 이야기

운영 1년 차에는 스토리스튜디오의 정체성을 만들어가고, 공간 자체를 안정적으로 운영하는데 집중했다면 2년 차에 접어드는 시점부터는 스토리스튜디오의 콘텐츠, 경험, 환경이 다른 공간, 특히 '공공도서관'이란 환경에서도 이어질 수 있는지 확인하는 '확산' 실험을 시작했다. 2021년 3월에는 전주시립도서관 우주로1216과, 2021년 7월에는 수원시 슬기샘 어린이도서관 트윈웨이브와 협업하며 재료바, 지류함, 기획형 프로그램 등 스토리스튜디오의 콘텐츠 일부를 확산했다. 여기서 확산이란 '그대로 이식'한다는 의미가 아니다. 그대로가 아닌 '그에 맞게', 즉 스토리스튜디오의 실험값을 기반으로 하되 각 공간의 이용자와 운영자에게 맞는 방향을 도출하는 것, 공간별 최적화된 세팅을 찾기 위해 노력했고 지금도 매월 함께 모니터링을 하며 안정화하고 있다. 특히 각 공간의 운영팀들이 대화, 작업물, 관찰 내용 등을 꼼꼼히 기록하여 10대 이용자들의 반응 데이터를 쌓고 이를 기반으로 콘텐츠를 기획, 운영할 수 있도록 프로세스 내재화에 가장 많은 신경을 쓰고 있다.

우주로1216, 트윈웨이브 모두 창작 공간, 창작 경험에 기반한 콘텐츠 협업이었다면 2021년 11월에 문을 연 세종시립도서관 '스페이스 이도'의 경우,

최근에 스토리스튜디오 콘텐츠를 확산한 세종시립도서관의 청소년 공간 '스페이스 이도'의 모습
©C Program, 도서문화재단 씨앗

스토리스튜디오의 콘텐츠가 공간 전체를 아우르는 경험을 위한 재료로 제공되었고, 콘텐츠랩에서 운영하는 또 하나의 실험실, '스토리라이브러리'의 콘텐츠도 함께 셋팅했다. 확산의 범위가 확장되는 만큼 어려움도 많았지만 그만큼 기대도 크다. 특히 이용자에게 답이 있다는 생각으로 더 세밀히 관찰하고 반응에 더 꼼꼼히 귀를 기울여야 한다는 것, '반응이 반응을 부른다'는 스토리스튜디오의 콘텐츠 핵심 원칙이 공간 전체에 어떻게 뿌리를 내릴지 기대가 된다.

약 1년여 간 발견하고 실험했던 것들에 대해 많은 이야기를 나눴지만, 스토리스튜디오는 아직 고작 2살일 뿐이다. 2022년을 맞이해 곧 3살이 된다. 지금까지 해온 것보다 앞으로 해나가야 할 실험이, 해보고 싶은 협업이, 꼭 만들어내고 싶은 확산의 장면들이 훨씬 더 많다. 스토리스튜디오가 쏘아올린 작은 공으로 더 많은 10대 청소년들이 제3의 공간에서 심리적으로 안전함을 느끼고 새로운 시도를 할 수 있는 자신감을 가지길 바란다. 이를 위해서는 공간도 많아져야겠지만, 10대 청소년을 미래의 동료로서 존중해줄 수 있는 좋은 어른들, 제3의 어른들이 많아져야 한다. 스토리스튜디오가 쌓아갈 N년차의 풍경에 마음이 움직이는 어른들이 더 많아지길, 그리고 우리가 함께 만들어갈 변화를 기대한다.

세대를 아우르는
창작 경험
공간 조성

Simon Spain
—
호주지역예술협회 의장

사이먼 스페인은 개인과 공동체를 위한 예술의 변화에 대한 강한 믿음이 있다.
어린이와 가족을 위한 아트 센터인 호주 멜버른의 아트플레이(ArtPlay) 창립 멤버며,
올댓위아(all that we are)의 공동대표를 역임했다.
현재 호주 타즈매니아의 아티스트 역량 강화 프로그램 ArTELIER를 운영 중에 있다.
또한 호주지역 예술협회(Regional Arts Australia), 테이트 인터내셔널(Tate International) 의장이다.
(번역:GLS)

창작자로 활동하는 데 내게 가장 중요한 것은 작업하는 공간이다. 작업 공간은 나만의 집이나 스튜디오일 수도 있고 집에서 떨어진 어딘가에 마련한 작업 환경일 수도 있다. 공간이 나와 어울리지 않으면 선명하게 생각하고 창의성을 최대한 발휘하기 힘들어진다. 당장 내 앞에 펼쳐진 환경이야말로 자신의 감정과 세계관에 결정적인 영향을 끼치기 때문이다. 태즈메이니아섬 북동부 해안의 휴양지에서 이 글을 쓰는 이 순간조차도, 스스로와 교감하는 공간을 만들기 위해 얼마나 힘써왔는지 인지하고 있다. 옆에 창이 있어 햇볕도 잘 들고, 게다가 위치가 좋아서 시시각각으로 변하는 파도가 눈앞에 펼쳐진다. 탁자에는 꽃과 과일 등 잠시 작업에서 시선을 돌릴 만한 것들이 놓여 있다. 내가 이렇게 나만의 공간을 꾸몄듯이, 사람들은 사유와 창작을 위해 자신만의 공간을 마련한다고 생각한다.

전 세계의 다양한 예술 작업 공간을 소개하는 책을 읽으면 즐겁다. 창작을 위해 맞춤 설계한 작업실부터 즉흥적으로 용도를 변경한 공간, 햇살이 내리쬐는 다락방과 조촐한 시골 오두막까지 형태와 크기는 한없이 다양하지만 모두 그 공간에 거주하는 사람이 창의력을 발휘할 수 있게 꾸며진 곳들이다. 그렇다면 우리는 다양한 세대를 아우르는 단체와 개인을 위한 창작 공간을 어떻게 재구성해야 할까? 다양한 역량과 연령대의 서로 다른 이용자들의 창작 활동을 위해 영구적이거나 임시적인 공간을 제공하려면 어떤 요소를 고려해야 할까?

지금까지 거의 40년 동안 어린이와 가족을 위한 창의 미술 프로그램 설계에 참여하면서, 공간은 창작에 필수적인 요소라고 확신하게 되었다. 작업대를 구성하거나 주방을 정리하고 저녁 식사 재료를 마련하는 등 일상의 모든 과정에서 우리는 항상 공간의 중요성을 실감하고 있다. 누구나 자신도 모르는 사이에 어떤 공간은 편하지만 어떤 공간은 불편하다고 느끼기 때문이다. 그러면 다양한 시간, 장소, 사람들에게 모두 잘 작동하는 미술 교육 공간을 만들려면 어떻게 해야 할까? 직접 경험해 보니 이러한 공간을 조성하고 관리하는 데 관심이 너무 부족한 나머지 누구나 창작에 어려움을 겪을 정도로 창작 활동이 주변화되고 부적절한 위치로 밀려나는 경우가 많았다. 1990년대에 시카고 소재 학교의 레지던시를 맡게 되었을 때 나에게 제공된 작업 공간으로 안내 받았는데, 그 공간은 학교의 난방을 위한 보일러실이기도 했다. 이 시점까지 깨달은 바가 있었기 때문에 이렇게 해서는 안 된다고 말했다. 첫째, 도무지 그 공간에서 수백 명의 어린이들과 활동할 수 없었고, 둘째, 그 공간은 미술 교육이라는 가치를 실현할 수 없었기 때문이다. 레지던시가 효과적으로 운영되려면 공간의 가시성이 확보되고 학교 안에서 가치 있는 시설로 간주되어야 한다. 즉, 모두에게 그 프로그램이 알려지고 매일 눈에 보여야 한다는 것이다.

그러면, 아동 및 청소년들과 다양한 연령대를 아우르는 집단의 창작 활동을 위한 공간에는 무엇을 고려해야 할까? 참여 작가들과 미술 교육을 담당하는 작가들과 교사들이 미술 교육 프로젝트에서 더욱 편안하고 자유롭게 참여할 수 있게 해 준 영구적이거나 임시적인 공간의 몇 가지 사례를 소개해 보겠다. 대부분의 성공적인 사례들의 핵심은 참여자들이 공간에 대해 자신감과 주인 의식을 가질 수 있어서 창작 과정에서 즐겁고 과감한(실수를 두려워하지 않고) 시도와 새로운 탐구에 빠져들 수 있었다는 점이다. 여기서 보여줄 대부분의 사례는 2004년부터 2015년까지 멜버른 아트플레이의 초대 크리에이티브 프로듀서였을 때 찍은 사진들이다.

잠시 주제에서 벗어나 유희에 대해 이야기해 보겠다. 즐거움이란 창작에서 가장 중요한 요소 중 하나다. 유희와 유희를 위한 공간 활용은 그 자체로 창조적인 활동이다. 존경하는 작가 겸 사회 운동가 콜린 워드가 1978년에 쓴 '도시의 아이'라는 책을 예로 들어 보겠다.

1978년에 발표되어 어린이 교육에 큰 영향을 끼친 콜린 워드의 저서 '도시의 아이'의 표지

이 책에서는 전후 런던에서 돌무더기와 가구 폐기물을 사용하여 자신들의 놀이 공간을 만들었던 아이들에 대해 이야기했다. 워드가 제안한 이러한 활동은 이른바 모험 놀이터(adventure playground) 운동의 시작이었으며, 아이들에게 가장 좋은 놀이 환경은 바로 아이들이 직접 창조한 공간이라는 주장이 핵심이었다. 여기에서는 어린이들이 적극적으로 자신의 공간을 설계하고 여러 가지 재료를 활용하여 역동적인 환경을 짓는 데 참여한다. 이렇게 어린이들을 환경 조성에 참여시키는 데 고려해야 할 핵심 요소는 다음과 같다. 첫째, 아이들은 설계 과정에서 의논을 했거나 직접적으로 만드는 데 참여한 경우 모두 강한 주인 의식을 갖게 된다. 둘째, 모험 놀이터의 환경은 역동적이다. 즉, 다시 만들거나 구조를 바꿀 수 있으며 다시 찾아올 때마다 외관과 느낌에 변화를 줄 수 있다. 셋째, 이렇게 만든 놀이 공간은 미리 형태가 정해져 유연하지 못한 구조를 이루는 플라스틱과 달리 '실제'적이고 자연스러운 소재인 돌과 나무, 노끈 등으로 이루어져 있다. 이러한 세 가지 요소는 놀이를 가능하게 하는 성공적인 공간의 여러 사례에서 공통적으로 나타나며, 다양한 목적과 사용자에 따라 재사용되고 새로운 상상력으로 재구현될 가능성이 내재되어 있다.

아일랜드 더블린 소재의 디 아크(The Ark) ©사이먼 스페인

전통적인 갤러리 공간을 변형해 완성한 디 아크 내부의 알파 프린트 설치 작업 ©멜버른 시

1994년, 아일랜드 더블린 중심지에 혁신적인 건물이 들어섰다. 유럽 최초의 어린이용 문화 센터인 '디 아크(The Ark)'는 어린이들의 창작 활동을 위해 설계된 극장과 갤러리, 작업 공간으로 이루어졌다. 어린이와 가족을 위하고, 함께 하고, 주체로 세우며 주제로 삼는 활동을 위하여 고안된 디 아크에서 기쁘게도 초기 레지던시 아티스트로 참여하였고, 초대 디렉터 마틴 듀리에게 지도 받았으며 1996년에서 2000년까지 여러 프로그램을 운영했다.

어린이들과 소통하면서 정교하게 설계된 공간으로서, 다양한 공간으로 만들어질 수 있도록 천연 재료를 활용하여 조성하고 고품질의 자원에 접근할 수 있도록 했다. 작업실에는 맞춤 제작한 작업대와 이동 가능한 벽을 구성하여 각각의 이벤트에 맞게 구조에 변화를 줄 수 있게 했다. 또한 유연하게 변경 가능한 전시 공간을 갖춘 극장은 어린이들을 위해, 어린이들에 의해, 어린이들과 함께 활동할 수 있도록 맞춤 설계되었다. 전시 공간은 완전히 '무'에서부터 어린이들을 위해 설계되어 어린이들이 단지 '보고 듣는'

사이먼 스페인(Simon Spain)의 2017년 작업실 계획 드로 잉 (ⓒ사이먼 스페인)

경험만 할 뿐 아니라 직접 '창작하고 행동하는' 주체가 되도록 했다. 디 아크가 남겼던 강렬한 기억 중 하나는 설계 과정에서 사용자의 활용 과정을 고려해야 한다는 것이었다. 디 아크의 경험을 계기로, 새로운 프로그램을 설계할 때에는 어린이들이 창작 활동을 시작하고 경험하며 종료할 때까지의 물리적인 과정을 항상 고려하게 되었다. 새로운 공간을 조성할 때에는, 일단 기존 공간을 어린이들이 활용하는 방식을 꼼꼼히 살펴봐야 한다. 즉, 공간 안에서 어떻게 움직이고 어디에 모여들고 어디를 편안하게 느끼는지 주목하는 게 좋다. 어린이들을 위해 새로운 창작 경험을 설계할 때에는 이렇게 그 프로그램에 참여할 때에 공간 안에서의 여정이 어떻게 흘러갈지 구성하는 데 집중하면 공간 설계에 도움이 되었다.

2004년에 멜버른의 아트플레이를 시작하게 되었을 때 디 아크에서 배운 교훈을 비로소 새로운 공간 설계에 활용할 수 있었다. 2000년에 멜버른 중심지의 버려진 건물이 어린이와 가족을 위한 새로운 아트 센터 후보지로 선정되었다. 그리고 4년 뒤, 충분한 재정적 투자도 없이 아트플레이는 시민들에게 첫선을 보였다. 특히 자금이 부족한 상황을 극복하려고 지혜를 모으면서 공간 내부의 설계를 더욱 단순하게 구성했던 것 같다.

2003년에 아트플레이로 변신한 버려진 건물 ©사이먼 스페인

완성된 아트플레이 건물 ©멜버른 시

크고 열린 상자 형태의 아트플레이 공간 ©멜버른 시   아트플레이 내부의 갤러리와 메자닌 공간 ©멜버른 시

아트플레이는 부족한 예산으로 단순하게 설계되었지만, 공간과 활동을 완전히 무에서부터 설계하면서 참가자들과 생생하게 소통하는 새로운 공간으로 만들어가는 게 가능했다. 초기에 자금이 부족하면서 활동 프로그램 설계에는 몇 가지 기본 원칙이 자리잡았다. 첫째, 프로그램의 핵심은 어린이들과 작가의 소통이다. 2010년까지 아트플레이는 매년 평균 250회 이상의 창작자가 주도하는 프로그램을 개최했다. 아트플레이의 작업에서 작가들이 핵심 주체인 이유는 여러 가지가 있다. 무엇보다도 작가들이 어린이를 참여시키는 활동이 개개인의 창의성을 추구하고 인정하는 개방적인 프로그램 운영을 추구하는 과정에서 핵심적이기 때문이다. 어린이와 가족이 공동 창작자로 참여하는 프로그램에 작가를 핵심 주체로 세우려면 일종의 지역 작가들을 위한 작업 공간을 조성해야 했다. 수년 동안 많은 작가들이 텅 빈 공간을 변화시키고 적극 활용했다. 그렇게 큰 공간을 자유롭게 활용할 수 있도록 제공받고 활동을 지원받으며 재료도 활용할 수 있게 해 주는 건 작가에게는 흔치 않은 기회였다. 종종 예술 단체가 열린 공간을 활용해 대규모 설치 작업을 완성하기도 했다.

흰색 이름표를 달고 중앙에 선 작가의 도움을 받으며 장난감 목마를 장식하는 아트플레이의 즉석 공공 워크숍
ⓒ멜버른 시

수 킬로미터에 이르는 고무줄을 사용하여 공간을 변형하는 방법으로 진행된 폴리글롯의 아동 참여 프로젝트 'Tangle'ⓒ멜버른 시

아트플레이의 규칙 기반 창작 프로그램에서 작가 브라이어니 바(Bryony Barr)와 함께 한 절연 테이프 작업
ⓒ멜버른 시

아트플레이의 댄스 및 미술 연습실 ⓒ멜버른 시

2004년의 아트플레이의 첫 프로젝트인 작가 어맨다
킹(Amanda King)의 랑골리 ⓒ멜버른 시

빈 골판지 상자를 사용하여 내부 구조를 변경해 완성한 폴리글롯(PolyGlot) 극단의 아트플레이 프로젝트
'우리가 이 도시를 세웠다 (We Built this City)'ⓒ멜버른 시

멜버른 푸드 & 와인 페스티벌을 위해 아트플레이 내부에 제작된
어린이와 어른을 위한 대규모 주방 ⓒ멜버른 시

아트플레이는 진부해지지 않으면서 동시에 어린이들에게 안전한 환경이 되어야 했다. 따라서 공간이 실제 창작 작업실처럼 느껴지게 하면서도 충분한 감독 하에 적절한 도구를 사용하게 하는 원칙에서 절대로 타협하지 않았다. 다시 말해서, 쉽게 변경될 수 있는 개방적인 공간으로 구성하면서도, 충분한 자연광이 들면서 작업 공간으로서도 적절하게 설계되고 뛰어난 품질 수준의 미술 재료도 활용할 수 있게 해야 했다.

다양한 임시적인 창작 공간을 구성하기 위해 설계 및 제작된 아트플레이의 조립식 가구 ⓒ멜버른 시

설계의 핵심은 단순성이었다. 무대나 조명, 음향 관련 장치를 빌리는 등 항상 필요에 따라 일시적으로 더 정교한 공간이 될 수 있도록 하는 원칙을 추구했다. 결과적으로 아트플레이는 단지 크고 텅 빈 마분지 상자 같은 무엇이든지 될 수 있는 공간과 같았고, 다양한 시점에 다양한 사람들의 다양한 수요를 충족할 수 있었다. 즉, 한 순간에는 댄스 스페이스였는데 다른 순간에는 미술 작업실이 될 수도 있는 것이었다.

페이스에서 열린 댄스 워밍업 시간 ⓒ멜버른 시

아트플레이 공간에서 작가와 기

거대한 미술 작업실로 변신하는 아트플레이 ⓒ멜버른 시

획자들은 자주 공간을 더 나누어 활용해야 했다. 옮기기 쉬운 가구와 임시 가림벽, 커튼 등을 활용하여 창작 활동 설계에 맞는 다양한 사용자 경험을 구성할 수 있었다. 작가들은 참신한 상호 소통 공간을 조성하기 위해 재활용 소재를 적용하기도 했다.

이러한 구성을 통해 창작 활동의 구조와 방향성도 자리잡을 수 있었고, 말로 규정하지 않아도 소통과 참여가 촉진되기도 했다. 공간의 구조 자체가 활동을 유도하기 때문이다. 특히 아주 어린 아이들과 유아의 예를 들자면 친밀한 분위기를 조성하도록 더 작게 분할된 공간과 가구 및 바닥재의 더욱 부드럽고 안전한 소재가 필요할 수 있다. 많은 경우 아트플레이에서는 기존에 어른들에게 한정되었던 공간의 공동 설계자의 역할에 어린이들이 참여할 수 있는 환경을 설계할 수 있었다. 작가에게 자신이 구상하려는 창작 경험을 논의하기 위한 충분한 소통 시간과 공간을 제공하고 넉넉한 가능성을 확보해 주는 것 또한 필수적이다. 이러한 순환 구조는 작가가 어린이들을 참여시키는 활동을 진행하게 하기 위한 공통적인 잠정적 내적 구조였다.

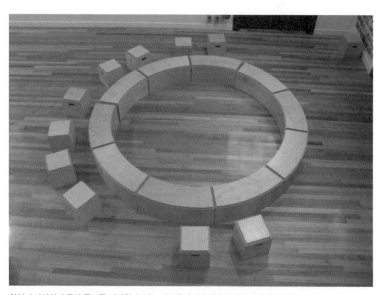

한없이 다양하게 공간 구조를 변경할 수 있는 아트플레이의 간단한 합판 가구 ⓒ멜버른 시

단순히 갈색 포장 종이를 말아 꾸민 공연장에서
열린 아트플레이 인형극 공연의 무대 뒤 모습
ⓒ멜버른 시

에어컨 파이프를 재활용해 조형 예술에 활용한
아트플레이의 무용 공연 ⓒ멜버른 시

모든 참가자가 작업실에 동등하게 접근할 수 있도록
평등한 원형 공간을 제작하는 작가들 ⓒ멜버른 시

작가 브라이어니 바(Bryony Barr)와 함께 제작한
간단한 소재 변형을 통해 상상력을 촉진하는 놀이
ⓒ멜버른 시

평등한 활동 공간을 지향하기 위한 원형 구조
ⓒ멜버른 시

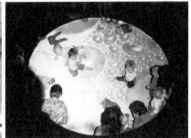

2013년 아트플레이에서 드롭 베어(Drop Bear) 극단이
제작한 어린이를 위한 프로젝트 비(Rain)에서 바닥에
이미지를 프로젝션하는 모습 ⓒ멜버른 시

이 모든 원칙은 다양한 연령대를 아우르는 창작 참여 활동을 전개할 때 적
용할 수 있다. 학교나 지역 사회에서 즉흥적인 워크숍을 열 때조차도 공간
의 설계와 사용자의 활용 흐름의 핵심 요소를 곰곰이 생각해보는 게 효과
적이다. 충실한 창작 환경을 마련하기 위해 세심하게 신경쓰고 배려했다고

작가 니코 브라운(Nico Brown)이 아트플레이 내에 조성한 집중과 평등을 추구하는 공간 ©멜버른 시

참가자들이 느낀다면, 그 참가자들은 그처럼 만족스러운 환경을 더욱 존중하고 아낄 뿐만 아니라 자신의 창의성을 마음껏 발휘하고 과감하게 도전하는 걸 두려워하지 않게 될 것이다. 지금까지 안전과 공감, 개방성을 보장하면서도 즐거운 창작 활동이 가능하게 해주는 창작 공간의 중요성을 강조하기 위해 간단하게나마 설명해보았다. 처음부터 공간을 제대로 설계한다면, 다양한 연령대를 아우르는 참여 프로그램을 한층 풍성하게 운영하는 길을 절반은 완성한 것이기 때문이다.

부산미래학교와 학교공간의 변화

이상철
—
부산교육정책연구소 선임연구위원

본 원고는 연구자가 연구책임자로 수행한 「부산미래학교 모델 개발 연구」(이상철 외, 2020) 중
관련 부분을 중심으로 요약 및 수정보완하여 작성하였음.

이상철은 부산대학교에서 교육학 박사학위를 받았다.
부산지역 중고등학교 교사, 부산대학교 교육학과 전임대우강사로 활동하였으며,
현재는 부산교육포럼 운영위원이자 부산시교육청 교육정책연구소 선임연구위원으로 활동 중이다.

부산미래학교 연구의 취지

미래사회의 변화는 인구구조의 변화, 4차 산업혁명 시대의 본격화와 첨단 과학기술의 발달, 경제산업 구조의 변화, 사회·문화적 변화, 환경생태계의 위기 심화 등과 같이 사회, 문화, 경제, 과학, 환경과 같은 제반 영역에서 진행될 것으로 예측되고 있다. 특히, 2020년 코로나 19 대유행으로 인하여 개학 연기, 온라인 개학, 대면·비대면 혼합 수업, 전면 등교수업 등의 과정을 거치면서 '포스트 코로나 시대' 학교변화의 방향에 대한 논의도 활발하다.

이와 같은 사회적 변화를 반영하여, 부산미래학교 모델 개발 논의의 핵심은, 미래학교 모델 개발을 통해 부산지역 학교변화의 방향 즉 상(像)과 그 세부 내용을 종합적으로 설계하고, 이를 어떻게 적용할 것인가에 대한 고민이 있어야 한다. 즉 미래학교 모델은 개축학교, 신설학교, 대안학교, 다행복학교 등 실험적이고 도전적인 유형의 학교에 적용할 수 있어야 할뿐 아니라 기존 일반학교가 지향해야 할 변화의 방향과 내용을 제시함으로써 변화를 지향하는 일반학교 유형에도 적용 가능해야 한다.

본 글에서는, 연구를 통해 개발된 부산미래학교 모델을 소개하고, 모델의 4대 영역 즉 교육활동, 운영체제, 교육공간, 구성원 중에서 교육공간의 변화 사례를 제시하며, 이를 바탕으로 새로운 문화예술교육 공간으로서의 학교공간의 변화 가능성을 살펴보고자 한다.

부산미래학교의 모습

부산미래학교 모델

부산미래학교의 영역은 교육활동, 운영체제, 교육공간, 구성원의 4대 영역이며, 교육활동을 중심에 두고 이를 지원하는 다른 영역들과의 상호작용 과정을 통해 비전과 인재상을 구현할 수 있도록 구성하였다.

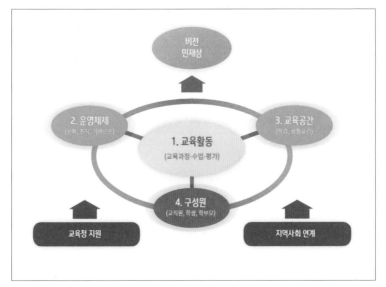

부산미래학교 모델

부산미래학교 및 4대 영역 개념

부산미래학교란 '미래사회 변화를 주도할 창의적이고 포용적인 미래인재를 기르기 위해 교육활동, 운영체제, 교육공간, 구성원의 전체적이고 혁신적인 변화를 지향하는 학교'로 정의한다.

교육활동의 개념에 대하여, 일반적으로 '교육활동'이라 함은 교육의 목적과 그것을 실현하기 위한 과정에서 나타나는 모든 의도적 행위를 지칭하는 것으로 볼 수 있으나, 본 모델에서 제시한 '교육활동'은 '학교에서 이루어지는 교육과정-수업-평가의 유기적 결합을 위한 계획 및 실행 행위'로 제한하여 정의한다.

운영체제란 '교육활동에 해당되는 교육과정, 수업, 평가의 원활한 지원을 위해 학교 내·외부적으로 마련되어야 할 문화, 조직, 거버넌스의 총체적인 특성'으로 정의한다.

교육공간의 개념에 대하여, 일반적으로 교육공간은 학교라는 시설과 건물을 기반으로 하는 물리적 공간을 의미하는 경향이 있으나, 본 모델에서는

'교육공간'을 '학교의 핵심 기능에 해당하는 교육활동 및 학교 구성원들의 삶이 이루어지는 공간으로서 교육적·정서적·물리적 측면을 포괄하는 개념'으로 정의한다.

구성원의 범위에 대하여, 미래학교의 구성원은 '학생, 학부모, 교직원이며, 교직원은 교사를 중심으로 교감, 교장, 행정직원, 각종 실무원 등을 모두 포함하는 것'으로 구성원의 범위를 정한다.

부산미래학교 모델의 영역별 기본 방향

교육활동 영역의 기본방향은 '학생 중심 교육과정, 삶과 배움이 어우러지는 수업, 학생의 성장을 위한 평가' 등이다.

영역	기본 방향
교육활동	1. 학생 중심 교육과정
	2. 삶과 배움이 어우러지는 수업
	3. 학생의 성장을 위한 평가
운영체제	1. 자생적 학교혁신의 문화
	2. 자율운영 역량을 갖춘 민주적 학교조직
	3. 학교자치 중심의 협력적 교육 거버넌스
교육공간	1. 배움과 쉼이 어우러지는 창의적 교육공간
	2. 수업과 학교의 변화를 가져오는 공간혁신
	3. 안전하고 생태지향적인 교육공간
구성원	1. 학교 교육 전문가, 교직원
	2. 능동적 학습자, 학생
	3. 학교 교육 협력자, 학부모와 지역사회 구성원

(표 1) 부산미래학교 모델의 영역별 기본 방향

운영체제 영역의 기본방향은 '자생적 학교혁신의 문화, 자율운영 역량을 갖춘 민주적 학교조직, 학교자치 중심의 협력적 교육 거버넌스' 등이다.

교육공간 영역의 기본방향은 '배움과 쉼이 어우러지는 창의적 교육공간, 수업과 학교의 변화를 가져오는 공간혁신, 안전하고 생태지향적인 교육공간' 등이다.

구성원 영역의 기본방향은 '학교 교육의 전문가로서 교직원, 능동적 학습자로서 학생, 학교교육 협력자로서 학부모와 지역사회 구성원' 등이다.

학교공간의 변화 사례

신현초(서울) 모래(흙산) 놀이터

모래 놀이터, 레인보우 놀이터, 흙산 놀이터 등으로 불리는 학교공간 조성의 의의는, 모래 놀이터는 아이들에게 안정감을 주기 때문에 유치원, 초등학교 1~2학년 등 저학년에게 필요한 공간이라는 점이다. 그리고 놀이터는 아이들이 놀았던 흔적을 볼 수 있어야 하는데, 흙산 놀이터는 흔적이 언제든지 남아 있을 뿐 아니라 형태를 계속 바꿔 갈 수 있다는데 의의가 있다.

동화고(경기 남양주) 삼각형 건물

외형적 특징으로는, 건물 전체가 삼각형 모습이고, 삼각형 건물(송학관) 중심에 안마당 즉 중정(집안의 안채와 바깥채 사이에 있는 뜰, 즉 학교 건물 가운데 있는 정원)을 두었으며, 중정과 복도 등 공용공간을 확보하였다.

삼각형 건물의 의의로는, 중정은 학생들이 소통할 수 있는 역할을 수행하는데 실제로 쉬는 시간 학생들이 자주 사용하는 작은 쉼터 역할을 한다. 그리고 폭 넓은 복도 공간 확보로 이동 기능뿐 아니라 다양한 활동이 일어나는 공간으로 변화하고, 유리 외벽이라는 장소의 투명성을 통해 개방성과 소통성을 지향한다.

전통 돌담 문양의 학교건물 ©풍문고등학교

풍문고(서울) 전통 돌담 문양의 학교건물 사례

전통 돌담 모양의 학교 건물의 의의는, 조선 궁궐터에 세워졌던 학교의 전
통을 감고당길 돌담을 모티브로 학교의 정체성을 상징적으로 나타냈다는
점이다. 그리고 새로운 학교를 찾은 동문들도 옛 학교의 추억을 계승했다
고 만족하고 있다.

동탄중앙초(경기)의 동탄중앙이음터 사례

동탄중앙이음터는 동탄중앙초 운동장 옆 부지에 주민 문화·복지·체육시
설로 조성되었는데, 학교와 마을이 함께하는 공간 즉 학교시설 복합화의
대표적 사례이다. 동탄중앙이음터 조성의 의의로는, 교육청의 학교시설 건
축·운영 예산을 절감하고, 지방자치단체는 공공문화체육시설 부지 확보
비용을 절감할 수 있었다는 점이다. 보다 중요한 의의는, 학생들이 지역 주

학교와 연결된 동탄중앙이음터 ⓒ동탄중앙이음터

민들과 시설을 공유하면서 새로운 사람을 만난다는 신선함이 있고, 학교폭력 또는 비행 감소 등 긍정적 영향을 받을 수 있다는 점이다.

미래 학교공간과 문화예술교육공간

그 동안 학교공간은 획일적으로 건축되어오면서 학생들의 창의성과 다양성을 발휘하기 위해 조성된 공간이라기보다는 군대, 감옥, 병원 등과 같이 관리와 통제의 수월성을 우선 순위에 두는 경향이 있었다. 하지만 최근 들어 획일화된 학교건축을 건축미와 실용성을 담아내는 학교건축으로의 변화에 대한 건축가들의 관심이 높아지고, 교육계 또한 '19세기 건물에서 20세기 교사들이 21세기 학생들을 가르친다'는 문구에 담긴 전통적 학교건물에 대한 반성이 함께 이루어지면서 21세기 학생들을 21세기 건물에서 교육하기 위한 시도들이 계속되고 있다. 일부 사례이기는 하지만 앞서 살펴본 모래(흙산) 놀이터, 삼각형 건물, 전통 돌담 문양의 건물, 동탄중앙이음터 등을 들 수 있다.

하지만 학교공간은 일부분의 외형적 변화가 아닌 학교공간의 변화를 통해 학교교육의 변화, 학생과 교사의 삶의 변화, 학부모를 포함한 지역사회의 변화 등을 이끌어낼 수 있어야 한다. 이와 같이 학교공간 변화를 통한 학교 교육 변화에 대한 종합적 접근은 앞서 살펴본 부산미래학교 모델의 4대 영역에 해당하는 교육공간 영역의 기본방향과 핵심과제에서 담아내고 있다. 〈표 2〉에 제시된 핵심과제를 살펴보면, 학습자 발달 단계 고려, 구성원의 공간주권 반영, 함께 어울릴 수 있는 소통 공간, 교육과정의 다양한 운영, 에듀테크 활용 수업, 학교의 교육철학 담아내기, 안전하고 편의적 공간, 친환경 생태 공간, 마을 즉 지역사회와 함께하는 공간 등이다.

기본 방향	핵심과제
1. 배움과 쉼이 어우러지는 창의적 교육공간	1-1. 학습자 발달 단계를 고려한 공간
	1-2. 구성원의 공간주권을 반영한 공간
	1-3. 함께 어울릴 수 있는 소통의 공간
2. 수업과 학교의 변화를 가져오는 공간혁신	2-1. 교육과정을 다양하게 운영할 수 있는 공간
	2-2. 에듀테크 활용 수업이 가능한 공간
	2-3. 학교의 교육철학을 담은 공간
3. 안전하고 생태지향적인 교육공간	3-1. 안전하고 편의적인 공간
	3-2. 자연과 함께하는 친환경 생태 공간
	3-3. 학교와 마을이 함께하는 공간

〈표 2〉 부산미래학교 교육공간 영역의 기본방향과 핵심과제

이러한 학교공간의 변화 속에서 학교공간은 자연스럽게 문화예술교육공간의 역할도 수행하게 된다. 특히 '함께 어울릴 수 있는 소통의 공간'에서, 전통적으로 학교공간은 폐쇄성, 학습 중심의 공간, 소통과 휴식 공간 부족 등과 같은 특성을 가지고 있으나, 미래학교에서는 개방성, 학습과 생활이 함께 이루어지는 공간, 휴식과 소통이 이루어지는 삶의 공간으로 변화할 필요가 있다. 변화된 삶의 공간 즉 소통의 공간은 학생들의 쉼터같은 공간일뿐 아니라 즉흥적으로 또는 계획적으로 공연, 연주, 전시, 장기자랑 등이 활발하게 이루어지는 문화예술활동 공간이 되기도 한다. 독일의 레다 비덴브뤽 종합학교가 좋은 사례가 된다.

레다 비덴브뤽 종합학교(독일 노드라인 베스트팔렌주) 학생식당 사례

레다 비덴브뤽 종합학교(독일 노드라인 베스트팔렌주)의 학생식당은 점심시간에는 학생 식당으로 이용하고, 그 외에는 학생들의 학습과 소통의 공간으로 활용된다. 이러한 공간 활용은 학생 댄스, 프로젝트 등과 같은 그룹활동을 통해 문화예술 공간 및 창의적인 공간 활용이 가능하다는 의의를 가진다.

부산지역에서도 신설학교, 그린스마트 미래학교● 등을 통해 학교공간 변화를 위해 노력하고 있지만, 앞서 살펴본 바와 같이 다른 학교들의 모델이 될 만한 사례를 지역 내에서는 찾아보기 어렵다. 또한 학교공간의 문화예술교육공간으로의 변화 사례도 발견하기 쉽지 않다. 이렇듯 문화예술의 도시를 지향하는 부산지역과 부산의 학교공간 사이에는 상당한 이질감을 발견할 수밖에 없다. 부산미래학교로의 변화를 통해 부산지역의 학교공간에 문화예술의 도시 부산이 함께 어우러지기를 기대해본다.

● 그린스마트 미래학교는 「공간혁신」에서 나아가, 디지털 기술 기반의 '스마트한 학습환경', 친환경·생태 학습 장(場)으로써의 '그린학교', 지역사회와 연계된 '학교 복합화'를 통한 미래형 학교로 정의함(교육부, 2021).

(참고문헌)

교육부(2021). 그린스마트 미래학교 종합 추진계획. 교육부.

홍경숙 외(2019). 학교공간, 어떻게 바꿀 수 있을까? 서울: 창비교육.

민세리(2020). 독일의 학교 공간 혁신-신설 통합학교 사례를 중심으로-. 현장특수교육, 27(1), 44-47.

즐거움이
더해지는 공간,
가희

이미림

—

충북 부용초등학교

이미림은 초등학교에서 아이들과 하루하루 행복한 일을 만들어 내며 지내고 있다.
문화예술교육을 통해 아이들의 미생(美生)이 실현되기를 꿈꾸며,
학교 현장을 넘나드는 프로젝트형 수업을 구안하고 실천했다.
예술꽃 씨앗학교, 문화예술교육 연구학교, 메이커 교육 연구회, 헬로우 아트랩 등을 통해 끊임없이 배우고 고민하고 있다.

프롤로그

학교 공간이 아이들에게 주는 이미지들을 떠올려보면 직육면체 상자에 가득 채워진 책상과 의자들. 글자가 빼곡한 칠판. 무더운 여름, 돌아가는 선풍기처럼 뱅뱅 돌아가며 반복되는 지루함이 잔뜩 그려진다. 그런 학교를 아이들이 원하는 공간으로 돌려주기 위해 시작한 '희(嬉) 프로젝트, 아지트 메이커스(Agit Makers)'. 올해는 그 세 번째 여정이 시작되었다.

'희(嬉) 프로젝트' 아지트 메이커스

요즘 아이들은 주인의식이 없다며 혀를 차는 어른들의 걱정 어린 대화를 들으며 우리가 아이들에게 주인으로서 누릴 권리를 쥐어준 적이 있었던가, 라는 생각이 들었다. 문득. 학교의 주인은 누구냐는 물음에 제법 여러 아이들이 답했다.
"교장선생님이요!"
자신들이라고 답하는 아이들이 다섯 손가락 안에 꼽힐 정도였다. 답답한 마음에 아니야, 너희들이야라고 말하는 나를 아이들은 온전히 신뢰하지 못하는 눈빛으로 바라보았다.
올 한해 동안 5학년 친구들과 함께 여러 교과를 융합해서 프로젝트 수업을 실시했다. 1학기 마지막 프로젝트 수업인 '아지트 메이커스'는 학생들이 자신들의 경험과 요구를 바탕으로 구성된 지식을 활용하여 이를 공간에 구현해내는 실행 능력이 필요한 활동이다.
학교 공간의 주인은 너희들이라고 말하는 신뢰받지 못하는 대답보다, 아이들에게 직접 기획할 수 있는 권리를 줌으로써 주인의식을 느끼게 하고 싶어서 2019년에 처음으로 시작했다.
5년의 마스터 플랜으로 짜여진 '희(嬉) 프로젝트, 아지트 메이커스'. 첫 해에는 아이들이 학교 공간을 탐색하고 자신들의 오롯한 놀이 공간을 찾는 것으로 시작했다. 유희(有嬉). 같은 음을 가지는 유희(遊戱)처럼 놀다보면 예술적 상상력과 즐거움의 접점을 찾을 수 있을 것 같았다. 그 해의 아이들은 놀 수 있는 야외 테라스와 옥상 영화관을 만들었다.

작년에는 아이들이 선택한 공간을 색다른 물성으로 꾸며보는 기회를 가졌다. 희희(熙嬉). 빛이 반사될 때 보는 이도, 만든 이도 함께 즐거움을 공유할 수 있는 유리공예로 선캐쳐 만들기에 도전했다. 햇빛이 따사로운 창가에 반짝이는 작품과 어울릴만한 허브 가드닝도 함께 꾸몄다. 가드닝 박스 또한 직접 목공 활동으로 제작했다.

세 번째 '희(嬉) 프로젝트'의 주제는 '가희(加嬉)'였다. 5년간의 프로젝트를 기획하면서 공간이라는 테마를 중심으로 진행되어온 활동들, 그 역사의 기록을 써 내려가면서 아이들도 즐거움이 기록되어지는 공간을 구상해보게 하고 싶었다. 비워져있는 공간에서 시작해서 시간이 점차 쌓여가면서, 친구들과 함께 했던 즐거움들이 공간에 남겨질 수 있는 새로운 형태의 아카이빙을 고민했다.

앞으로의 남은 두 번은 주제어만 메모장에 적혀 있다. 연희(聯嬉)와 여희(餘嬉). 네 번째와 마지막 주제로 선택한 주제어로 이 이상의 것이 떠오르지 않았다. 탄탄하게 쌓여 진 아이들의 공간적 철학과 깊이를 바탕으로 학교를 넘나들어 지역을 거점 삼아 '이음매'를 만들어 보려고 한다. 예술이라는 공통적인 관심을 가지고 서로 연대할 수 있는 기회를 아이들 스스로 찾아낼 수 있다면 네 번째 프로젝트로 그 무르익음을 충분히 발휘할 수 있을 것이다.

마지막으로 현재의 학교에 근무할 수 있는 마지막 해에는 그 다음해의 나의 부재(不在)로 인해 이 활동이 더이상 이어지지 못하는 상황이 발생하지 않도록 즐거움들을 남겨 놓음(餘嬉)으로써 또 다른 즐거움으로 탄생될 수 있는 씨앗을 뿌려 놓으려 한다. 이 프로젝트는 더이상 교사 개인의 역량에서 시작되는 것이 아닌 아이들이 키워내는 것이기 때문이다.

세 번째 이야기, 가희(加嬉). 즐거움이 더해지다

올해의 콘셉트는 예술적 감각을 발현시킬 수 있는 특별한 공간을 학생들 스스로 디자인하여 구현하고, 그 공간을 다른 친구들과 공유하면서 예술 적 즐거움이 그 곳에 기록될 수 있도록 공간과 시간을 융합하는 것이다. 완 성된 공간에 시간이 덧입혀지면서 아이들의 작품들이 마치 발자취가 남는 것처럼 차곡차곡 쌓이는 것이다.

다른 해보다 더욱 특별한 점은 처음으로 5학년과 6학년의 합동 작업이 시 차적으로 이루어졌다는 점이다. 아이들이 선택한 공간이 유휴 교실로 이전 보다 면적이 넓어지고 코로나 19 상황으로 인해 학급 간 통합 활동이 어려 워지면서 이전에 학기 중에 이루어졌던 활동은 방학 중 캠프의 형태로 조 정되었고, 이로 인한 제한점을 극복하기 위해 6학년 친구들의 '서포터즈' 활동이 먼저 이루어졌다. 6학년 친구들은 교실 정비 작업과 1, 2차 도포 작 업을 통해 5학년 아지트 메이커스 친구들이 곧바로 프로젝트 활동을 시작 할 수 있도록 밑바탕을 마련해 주었다.

이것은 전체 프로젝트의 중반부에 접어들면서 이전의 프로젝트들과의 연 결성, 지속성을 더 강화하고 싶어서 생각해낸 방법이었다. 작년에 프로젝 트에 참가했던 6학년 친구들은 자신들에게 그 기회가 다시 주어지지 않는 다는 사실을 속상해했다. 5년의 프로젝트가 끝나고 나서도 선순환될 수 있 게 하려면 그 연결 고리를 만들어야 겠다는 생각이 들었다.

그리고 이미 만들어진 공간이라 하더라도 책임감과 애정을 가지고 지속적 으로 관리했으면 하는 바람이 들었다. 그래서 올해 처음으로 1기 서포터즈 와 3기 메이커스의 콜라보레이션이 이루어졌다. 서포터즈 친구들은 자신 들의 노하우를 전하고 과정 상의 어려움을 이겨냈을 때 얼마나 달콤한 보 람이 찾아오는지 너스레를 떨었다.

그동안에 프로젝트를 실시했던 친구들보다는 올해의 아이들이 훨씬 수월 하고 합리적인 실행 과정을 거쳤다. 아이들이 이렇게 능동적으로 프로젝트를 실행할 수 있는 역량은 지난 한 학기 동안 다양한 프로젝트 수업을 통해 길러졌다. 사회 프로젝트와 온작품 읽기 프로젝트, 어린이 보행 안전과 관련한 옐로 프로젝트, 예술꽃 나비 프로젝트, 미얀마 프로젝트 등 기존 활동에 도전과제로 연계되거나 온전히 학생들이 선택한 주제를 중심으로 교과 간에 융합을 하여 수업이 이루어졌다.

개인과 그룹형 과제의 다양한 형태로 이루어지는 프로젝트 수업은 과업 수행의 중요성 뿐 아니라, 타인과 협력하여 무언가 결과물을 만들어 낼 수 있는 힘과 가능성을 담고 있음을 강조한다. 또한 교사로부터 시작되었던 수업의 출발점을 학생들에게 옮김으로써 학생들이 주도적으로 고민하게 되고 지속적인 실천을 위한 노력을 계속 기울이게 된다.

이렇게 쌓인 역량으로 '가희'라는 주제어를 받아든 아이들은 각자 저마다의 해석을 덧붙여 공간을 머릿 속에 그려나갔다. 으레 해왔던 것처럼 프로세스를 구조화하고 팀별 작업과 전체 협의 작업을 긴밀하게 연결시켰다.

아이들에게 기회가 주어지다

미래교육이라는 논제와 함께 학교 교육 현장이 변화하고 있다. 포스트 코로나라는 시대적 구분을 앞두고 블렌디드 러닝, 메타버스, AI 교육 등 쉴 새 없이 새로운 용어들과 교수·학습 모형, 교육 시스템들이 흘러나오고 있다. 단순히 지식을 획득하는 것보다 재생산해내는 가공 능력, 창의적인 사고력을 바탕으로 협업과 공공 가치를 고려하여 탄생시키는 도덕적 문제 해결 방법 등 기존의 지식 체계가 가졌던 보편적 타당성은 '어떤 교육이 필요한가'라는 질문과 함께 급격한 변화에 휩쓸리고 있다.

교사 중심에서 학습자 중심으로, 학생 참여 수업에서 학생 주도 수업으로의 패러다임 전환은 결국 '학생이 주도적일 수 있는 기회를 되찾아주는 것'으로 이해할 수 있다. 지식의 높낮이를 따져 교실 공간 안에서 먼저 배운 사람과 이를 따르는 사람으로 나누는 것이 아니라 그 누구라도 배움을 이끌어 갈 수 있는 역량을 발휘할 수 있는 기회를 주는 것. 지금, 교실 현장에서 이루어지고 있다.

아이들은 첫 발을 내딛는 순간부터 주어진 선택지가 아닌 빈칸을 서술해 나갔다. 텅 비워진 교실의 칠판에 차곡차곡 본인들이 채워나가야 할 이야기들을 이어나갔다. 간략하게 5단계로 나뉘어 진 프로젝트 실행 과정을 겪어나가면서 누구도 뒤쳐짐 없이 의견을 나누고 함께 참여했다.

벽면 II 팀이 마스킹 테잎 작업 구상에 대해 협의를 하고 있다.

벽면 I 팀의 친구가 예술가 선생님에게 조색에 관련한 의견을 제시하고 있다.

웬만한 일은 스스로 해결한다. 쉽지 않은 공정도 끈기 있게 도전한다.

프로젝트 실행 과정

01 주제	주제의 범위를 어디까지 내어줘야 할지 항상 고민이다. 하지만 프로젝트의 방향과 목적을 이해한 아이들은 주제어(학교, 공간, 물질, 직업과 기술)들을 쉽게 결합시켰다.
02 그룹	주제와 프로젝트 목표를 공유하고 나면 프로젝트를 실행하는 그룹을 구성하게 된다. 자신의 흥미와 소질을 고려해서 원하는 미술 표현 카드(조형, 바닥, 벽면)로 그룹을 나눴다.
03 기획	세 그룹으로 나누어진 친구들은 플랜보드를 활용해서 그룹별 프로젝트를 기획했다. 공통의 대주제에 관련 주제 카드를 덧붙이기도 하면서 과제를 실천하기 위한 카드들을 선택했다.
04 탐구	1차적으로 그룹별 활동이 진행되었다. 탐구 활동을 통해 문제를 해결하기 위한 다양한 정보를 수집해서 방법들을 모색했다. 조화로운 공간의 구성을 위해 팀 내 협의 결과를 전체 조율했다.
05 표현	학기 말 교육과정과 연계되어 주제-그루핑-기획-협의 과정이 이루어지고, 실행 단계는 여름방학 기간 중 캠프의 형태로 진행되어 아이들이 충분히 몰입하고 집중할 수 있도록 준비되었다.
06 공유	개학 후 아이들은 일주일 동안 공간을 직접 사용해 보고 보완할 점을 고민해서 수정했다. 8월의 마지막 날. 그간의 긴 여정을 마무리하며 자신들의 모습이 담긴 영상을 보고 소감을 나누었다.

TEAM

벽면 I
교실 북쪽 측면의 디자인을 맡았다. 캐비넷과 창틀, 화분이 위치해 있어 조형팀과의 소통이 매우 중요했다. 전체 프로토타입이 만들어진 후 실제 축척에 따라 도안을 구상하였고, 조화와 균형을 고려하여 페인트를 칠했다. 조색까지 도전하는 대담함을 보였던 친구들의 용기를 응원한다.

정서현 권아미

벽면 II
칠판이 놓여진 교실 정면의 디자인을 맡았다. 그 어느 팀보다 많은 회의를 거쳐 디자인과 톤온톤 칼라칩을 선택했다. 교실의 전체적인 분위기를 가장 많이 좌우하는 부분인만큼 신중에 신중을 더했다. 직선의 디자인들의 색깔이 겹치지 않도록 마스킹 작업부터 고민한 흔적이 드러난다.

지현우 공준성 조민건 주승우 주형준

WORK

조형
가장 많은 소비 딜레마에 빠졌던 팀이다. 원하는 것을 제한된 재화에서 구입하기 위해 그 누구보다 열심히 시장 조사에 임했다. 기성 제품을 단순히 구입해서 놓는 것이 아닌 모듈형 가구를 만들거나, 플라스틱 의자를 레진을 활용하여 자신들의 독특한 작품으로 새 숨을 불어넣었다.

박서연 송유진 심다경 장유진

바닥
1차 협의에서 에폭시와 페인트 작업을 염두해두었던 계획을 수정했다. 공간의 특징을 거듭 고려하여 다른 친구들이 재구성해볼 수 있도록 수성 바니쉬 작업에 마스킹 테이프를 사용했다. 독창적인 아이디어와 전체 디자인의 균형이 조화롭게 이루어져 바닥 자체를 활용한 수업이 가능하다.

최재우 고관우 송규석

비우면 채워질 것들

공간 곳곳에 여백이 남아 있다. 넉넉하게 비워둔 부분에는 앞으로 이곳을 사용하게 될 친구들이 즐거웠던 그 시간들을 차곡차곡 채워나갈 것이다. 즐거움이 쌓여 가득히 담아내면 비로소 '가희(加嬉)'가 완성될 것이다. 아지트 메이커스 활동을 마무리하며 아이들은 공간을 사용하게 될 친구들에게 당부의 말을 꾹꾹 눌러 적어 남긴다.

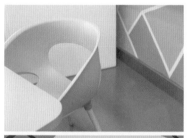

바닥에서 큰 작품을 만들수도 있고, 8인용 테이블을 활용할 수도 있어. 다만 테이블 무게가 상당하니 꼭! 선생님의 도움을 받는게 좋겠어.

우리 모두를 위한 공간이기에 함께 잘 사용하기 위한 규칙을 적어봤어. 사용 후 제자리에 정돈해놓는 건 기본 중에 기본이겠지?

프로토타입을 남겨둘게. 다음 아지트 메이커스들은 이걸 참고하면 훨씬 더 공간을 구성하는 이미지메이킹을 잘 할 수 있을거야.

카우치나 쿠션을 둔 이유는 활동을 하다가 쉬어가면서 예술적인 영감을 받기 위해서야. 던지거나 낙서를 해서 훼손하지 않았으면 해.

서랍장 안에는 다양한 속성을 가진
재료들이 가득 들어있어.
마음껏 사용해도 되지만 낭비를 하는
건 우리 모두에게 손해일 수 있어.

서랍장 안에 재료가 많아서 일부러
낮은 서랍장을 만들어 두었어.
위험하지 않도록 무거운 물건을
올려두지 않았으면 해.

분기별로 제작되는 다양한 종류의
매거진들은 예술적 경험의 폭을
넓혀주고 좋은 작품들을 간접적으로
접할 수 있는 좋은 자료야.

여기엔 위험한 물건들도 있어.
잘 활용하면 큰 도움이 되지만,
부주의했을 때 크게 다칠 수도 있어.
사용법을 잘 익혀서 조심히 다뤄줘.

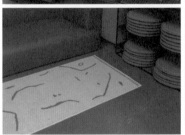

바닥에서 작품 활동을 할 때
활용할 수 있는 러그와 방석이야
함께 사용하는 물건이니 소중히!
사용 후에 제자리에 정리해 줘.

공간의 변화로 틔운 싹, 예술적 아카이빙

미술 수업을 준비하다보면 일반적인 교실에서는 수업을 상상할 수 있는 범주가 가로 65센티미터, 세로 45센티미터짜리 캔버스에 갇혀있다. 8절 도화지(가로26mm, 세로37mm)를 놓으면 친구와의 분쟁을 불사하면서 아주 간신히, 아슬아슬하게 크레파스를 걸쳐 놓아야 한다. 혹시라도 수채화 물감을 꺼내는 날이면 전쟁 한 두 번쯤은 치를 각오를 해야 한다.

반면 아지트 공간을 둘러보면 할 수 있는 아이템들이 샘솟는다. 6개의 큼지막한 캐비넷 안에는 활용할 수 있는 재료들이 가득 채워져 있다. 하지만 바깥에 어떤 재료들이 들어있는지 적어 놓지 않았다. 마치 비밀 상자의 문을 열 듯이 아이들은 캐비넷을 열어보고 깊숙한 곳의 서랍까지 재료를 탐색했다. 자신들의 상상을 구현시켜줄 적당한 물성의 재료가 손에 잡힐 때까지 요즘 유행하는 키트로 구성된 패키지 상품의 편의성보다 기꺼이 그 수고로움을 택했다. 처음에는 쭈뼛거리며 "이거 써도 되는 건가요?"라고 묻던 아이들이 이제는 무엇이 어디에 들어있는지 훤히 꿰뚫고는 나와 두어번 눈을 찡긋거리고는 야무지게 재료를 챙긴다. 조형 팀의 아이디어로 필요한 재료를 쇼핑하듯이 담을 수 있는 바스켓도 준비되어 있다. 공간의 변화, 그리고 그 안을 채운 재료들의 변화는 아이들이 상상할 수 있는 작품의 범주도 확대 시켰다.

"그 무엇을 상상하던 이루어질 수 있어."라고 했던 약속을 지키려고 현재에도 무던히 노력 중이다. 예술 수업을 구상한다는 것은 기존에 답습했던 스케치-채색의 반복적인 작업이 아니라 다양한 물성을 창조적 아이디어와 접목시켜 자신의 예술적 철학과 함의를 표현하는 것이라고 생각한다. 더군다나 이제 그 주체는 아이들 스스로가 되어야 한다. 마음껏 상상할 수 있는 공간과 시간, 주체적으로 표현할 수 있는 수업의 주도권. 아이들에게 기회를 준다는 것은 무엇이든 괜찮다는 격려, 누구나 예술가가 될 수 있다는 용기에 대한 지지만으로도 충분했다.

공간 자체가 아이들 예술 활동의 기록 저장소가 되면서 무언가를 적고, 남기지 않아도 자연스럽게 흔적화되어 쌓여갔다. 제한된 기회와 재료 때문에 단 한번의 실수에도 "망했다"라는 말을 내뱉던 아이들은 기록의 과정에서 실수를 발견하고 다시 수정할 수 있는 새로운 기회를 얻게 된다. 자신의 작품 활동 과정을 복기하고 더 나은 대안을 고민하는 피드포워딩 과정은 실패를 해도 괜찮은 '안전한 공간'이기에 가능한 것이다.

공간을 채운 콘텐츠, 공간에 채워지는 즐거움

개인의 자율이 보장된 모둠 활동(team-based work)은 혼자 할 수 없는 아크웍을 가능하게 했다. 공간이 변하고, 공간 안에 구성된 오브제와 활용할 수 있는 수업 자료들이 채워지면 교사들과 아이들은 그 상상력 안에서 또 다른 콘텐츠를 만들어 낸다.

뮤지컬 무대를 준비하는 소품, 무대 장치, 의상팀들은 각각의 역할과 과업에 따라 협력 활동을 진행한다. 목공 장비, 우드락 커터, 3D펜, 미싱기 등 나 조차도 한 번도 접해본 적 없는 전문적인 공구와 도구들이 등장한다. 아이들이 원하면 교사와 강사들은 작동법을 함께 배우고 도전한다. 작업 활동에서 오는 성취감은 몰입도를 높이고 협업을 통해 높아지는 작품성은 아이들을 더욱 만족시켰다.

"주어지지 않는 길을 간다는 게 걱정도 되고, 설레기도 했어요."

"결국 온전한 우리의 선택과 실행으로 이루어진 여정이었죠."

"교실 공간이 변한다는 것을 상상하기 힘든데, 여기는 매일 매일이 조금씩 달라져요. 앞으로 어떤 작품들로 채워질지 기대되요."

프로젝트를 마치고 남긴 아이들의 인터뷰는 자신들의 작품에 대한 애정과 함께 공간이 나날이 변하는 것에 대한 설렘을 드러냈다. 일년 내내 같은 작품이 걸리는 교실의 게시판이 아니라 콘텐츠에 따라 변화하는 공간은 아이들을 매료시켰다.

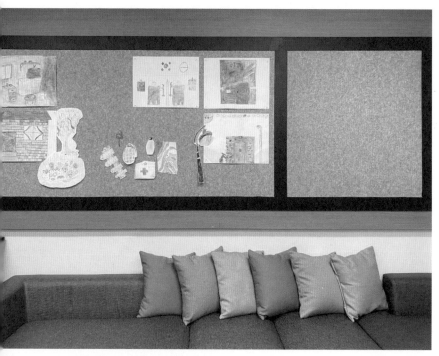

뮤지컬 무대 준비 과정을 게시판에 나타내요

놀이를 위한 작품을 만드는 순간

가장 중요한 건, 이 순간을 즐기는 우리

'아지트 프로젝트'라는 타이틀도, '가희 프로젝트'라는 올해의 주제도 모두 어른들이 정했기에 공간의 이름은 아이들이 정했으면 했다. 어느 때가 좋을지 가만히 살펴보다가 우연히 아이들이 하는 대화를 들었다.

"거기로 와."

이 간단한 지령을 받은 아이는 '거기'가 어디인지 되묻지 않았다. 순간, 그리고 문득. 그런 생각이 들었다. 굳이 실(室)의 이름으로 공간을 규정하지 않아도 아이들한테는 '이곳'의 존재만으로 충분한 것이 아닐까. 이런 생각들이 떠나지 않아 아직까지 아이들에게 어떤 이름을 지어줄지 물어보지 않았다. 그럼에도 아이들은 그곳에서 만나고, 놀고, 사유하며 창조한다.

견고하게 프로젝트를 기획하면 할수록 거대한 종착지를 목표로 방향을 바로 잡으려고 하는 이기적인 욕심이 생긴다. 오랜 기간 공을 들인 프로젝트

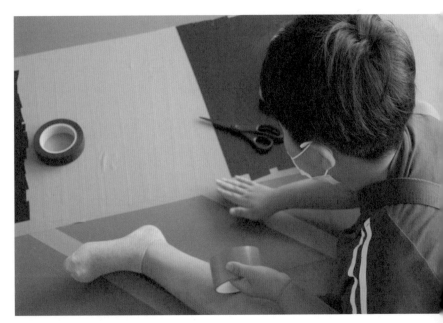

배역들을 고려해서 맞춤형 의상을 제작해요

가 내 항로를 벗어나는 순간, 초조함이 엄습해 이런 생각은 어떠냐며 아이들에게 은연 중에 생각을 종용한다.

아지트 프로젝트를 통해 공간, 가희(加嬉)를 만들어가는 여정에서는 잠시 그 불안함의 무게를 내려놓을 수 있었다. 정해진 틀대로 되지 않을까 불안한 마음보다는 어떤 무대가 만들어질까하는 설렘이 컸다. 그리고 아이들은 매시간 자신들의 즐거움(嬉)을 더해 충분히 기뻐하며(喜) 그 자체로도 빛나고(熙) 있다.

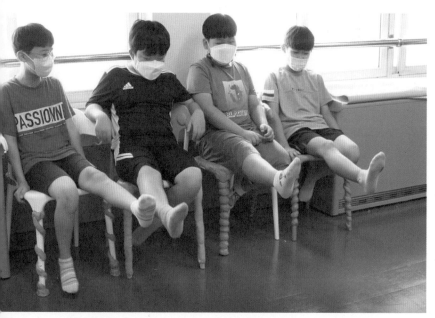

작품이 놀이가 되는 순간

전주
문화예술교육 공간
탐방기

오금아

부산일보 문화부 기자

부산일보 문화부 기자로 문화와 예술 현장에 대해 취재를 하고 있다.
도시재생·문화공간·고령화문제·그림책과 서점 문화 등에 관심이 있고,
일본 후쿠오카 서일본신문사에 1년간 파견돼 현지 취재를 한 경험이 있다.
2006년 이달의 기자상을 받았고 2021년 코로나 사망자 애도 프로젝트 '늦은 배웅'으로 한국기독언론대상(대상),
일경언론상(우수상), 민주언론상·언론인권상 특별상을 수상했다.

열림과 수용. 코로나19와 뜨거운 여름 햇살을 뚫고 찾아간 전라북도 전주의 문화예술교육 공간에서 만난 두 개의 단어다. 2021년 7월 19일 부산문화재단 관계자와 함께 전주시립도서관 우주로1216과 팔복예술공장 꿈꾸는 예술터를 방문했다.

전주시립도서관 우주로1216 – 트윈세대 전용공간

전 세대 아우르는 책놀이터

트윈세대는 어린이와 청소년 사이에 낀 세대이다. 초등학교 5학년 정도가 되면 생각이 커지고 독립적 공간을 원하게 된다. 이 나이부터 중학교 3학년까지의 아이들은 집, 학교, 학원 이외에 갈 만한 곳이 거의 없다. 친구들과 모여도 갈 수 있는 공간은 PC방이나 노래방 정도이다. 돈은 적게 들면서 오래 있어도 눈치를 주지 않기 때문이다. 도서관을 찾아도 어린이실을 가자니 머쓱하고, 어른들이 쓰는 자료실이나 열람실에서는 주눅이 든다. 매일매일 생각이 자라는 시기, 한창 책을 읽고 사색해야 할 나이인데 정작 도서관에는 트윈세대를 위한 자리가 없었다. '공공의 공간에 이 아이들을 위한 공간을 만들어보자'는 공감대가 현장 관계자들 사이에 형성됐고, 전국 최초 트윈세대 전용공간이 전주에 탄생했다.

꽃심·종합자료실

꽃심-야호책놀이터

우주로1216을 소개하기에 앞서 전주시립도서관 꽃심을 살펴볼 필요가 있다. 꽃심은 '꽃을 피워내는 힘'이란 뜻으로 새로운 문화와 세상을 열어가는 전주의 정신을 상징한다. 전주시 대표 도서관으로 2019년 12월에 개관한 이곳은 벽이 없고 문이 없고 열람실이 없는 개방형 도서관이다. 2층까지 공간을 틔운 로비에 통합안내데스크를 두고 가족 전 세대가 함께 와서 자유롭게 책을 이용할 수 있는 열린 공간으로 만들었다. 1층에는 어린이와 유아를 위한 <야호책놀이터>가 있다. 서가, 의자, 조명 모두 맞춤형으로 제작했다. 기존 도서관 서가가 조명과 위치가 맞지 않아 어두웠던 점을 고려해 개별 서가에 전등을 매립했다. 중간중간 혼자서, 둘이서 나란히 또는 마주 보며 앉을 수 있는 좌석을 비치했다. 대출반납기의 외관도 아이들이 좋아할 수 있도록 귀여운 원숭이 모양이다. 벽이 없는 대신 바닥의 색을 달리해 공간을 구분한다. 유아 공간은 바닥에 난방시설을 설치했고 암막커튼을 치면 빔프로젝터로 영상을 볼 수 있도록 했다. 전주시 동네서점을 소개하는 <움직이는 동네책방> 코너도 있다. 여행가방 모양의 서가에 각 서점 책방지기의 북큐레이션을 소개해 도서관과 지역 서점의 상생을 도모한다. 담당자는 코로나가 끝나면 이 코너를 이용해 주말 북마켓을 진행할 계획을 갖

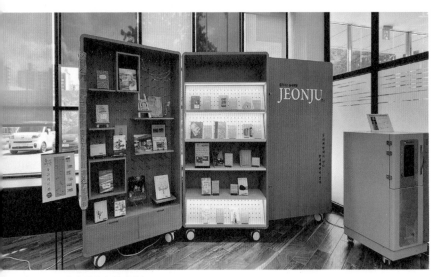

꽃심-움직이는동네책방

고 있다고 전했다. 1층과 2층을 잇는 계단 옆으로는 시민들의 기증도서로
구성한 <시민의 서랑>을 운영한다.

2층 종합자료실에 들어서면 '도서관이 이렇게도 운영될 수 있구나' 생각할
정도로 새로운 모습이 발견된다. 숲을 콘셉트로 한 자료실 곳곳에 다양한
'서재'가 있다. 딱딱한 의자 대신 북카페처럼 소파를 놓았다. 도서관 주변
녹지를 바라보게 설계된 좌석 배치가 책과 함께하는 휴식 공간이라는 느
낌을 준다. 도서 배치도 달랐다. 000에서 900까지 도서분류번호 순서대로
하던 책 배치를 이용자 중심으로 바꿨다. 철학(100), 예술(600), 문학(800)
등의 순으로 사람들이 많이 찾는 분야의 도서를 앞쪽에 비치했다. 조용히
시의 세계에 빠져들 수 있게 별도로 구성한 시인의 서재라는 공간도 매력
적이다. 장서를 빼곡하게 채우는 대신 서가에 여백을 확보하고, 필요한 책
은 지하 보존서고에서 가져오는 방식을 택했다. 가족이 도서관을 방문하면
아이는 1층, 어른은 2층으로 나뉘어 각자의 공간에서 책을 향유한다. 12세
에서 16세 트윈세대는 3층 우주로1216으로 올라간다. 이렇게 전 세대를 위
한 공간을 구비한 도서관의 탄생은 설계 단계부터 현장 사서의 의견을 적
극적으로 반영했기에 가능했다.

12~16세 "우리가 주인 되는 공간"

우주로1216은 벤처기부 펀드 씨프로그램, 도서문화재단 씨앗, 책읽는사회
문화재단이 함께하는 트윈세대를 위한 열린 공간 조성 spaceT 프로젝트의
후원을 받았다. 공간을 오픈하기 전 500명의 전주시 트윈세대를 대상으로
에스노그라피, 웹서베이, 창작워크숍, 공간워크숍 등 다양한 방법으로 그
들의 니즈를 파악했다. '12세부터 16세 우리가 주인이 되는 공간'이라는 의
미의 공간 이름 우주로1216도 지역 트윈세대들이 워크숍을 통해 직접 지은
것이다. 트윈세대 전용공간답게 우주로1216에는 초등학교 5학년부터 중학
교 3학년까지의 나이에 해당하는 사람만 출입할 수 있다. 부모나 동생 등
트윈세대의 가족도 입장할 수 없다. 시설 견학도 트윈세대가 이용하는 요
일이나 시간대에는 허용되지 않는다. 우주로1216에 출입할 수 있는 어른은
'우주인'인 트윈세대를 지켜주고 필요한 것을 구해주는 공간 운영자들뿐
이다. '지구인'이라 불리는 이들은 지구인 출몰지역에 2명이 상주한다. 지
구인은 우주인들이 새로운 경험을 기획하고 실행하는 것을 응원하고 지지
하는 제3의 어른이다.

우주로1216은 톡톡존, 쿵쿵존, 슥슥존, 곰곰존으로 구성된다. 여기에 처음
계획에는 없던 얌얌존이 추가됐다. 성장기는 먹는 것이 중요하다는 점을
고려해서 전주시가 싱크대, 전자레인지를 비치한 간식 방을 만들었다.

트윈세대의 이야기를 나누는 톡톡존은 우주로1216에서 처음 마주하는 공
간이다. 사물함에 짐을 넣고 손목밴드를 받아 입장 등록을 한다. 우주를 배
경으로 한 화면 위에 해당 우주인의 ID가 뜬다. 나갈 때 다시 체크하면 자
신이 우주로1216을 몇 번 방문했고, 탐험시간이 얼마였는지를 알려준다.
이 정보는 공간이나 콘텐츠 운영에 활용된다. 톡톡존에는 우주인들이 만든
작품도 전시한다.

쿵쿵존은 마음과 생각을 나누며 함께 성장하는 공간이다. 여기서 가장 먼
저 눈에 들어오는 것이 철봉이다. 공간 전체를 빙 둘러가며 천장에 철봉이
붙어 있다. 에너지가 넘치는 아이들이 철봉에 매달려 노는 모습을 상상해

우주로_곰곰존

우주로_숙숙존

우주로_숙숙존

본다. 바닥에는 둥근 비행접시 모양의 고무 방석이 놓여 있다. 위에서 점프
해도 되고 기대앉아 책을 읽거나 대화를 나눌 수도 있다. 수다와 휴식을 위
한 창가 공간과 이어지는 계단에는 요즘 친구들이 읽는 도서를 소개하는
코너를 비치해 자연스럽게 책과의 접점을 만든다. 반대편에는 음악을 듣는
작은 무대도 배치했다. 선곡은 우주인들이 직접 하는데, 거기서 춤을 추는
아이들도 있다. 우주로1216에서 '지구인 써니'로 근무하는 유진선 사서는
"워크숍 때 아이들이 음악이 나오는 공간을 원했다"고 말했다. 그는 "이곳
은 도서관의 개념이 아닌 트윈세대 공간으로, 책과 가까워지는 연결고리를
만드는 곳"이라며 "그래도 도서관 내에 있는 공간을 찾아오는 아이들이라
어느 정도는 책에 관심이 있다"고 설명했다.

슥슥존은 무엇이든 만들어 볼 수 있는 공간이다. 3D펜을 이용해서 자기만의 굿즈를 만들고, 뜨개질을 하고, 재활용 창작 재료로 세상 어디에도 없는 이상한 물건을 만든다. 책 속의 공간을 주제로 한 이야기 카드에서 영감을 받아 종이 모듈로 창작물을 만드는 <이야기를 짓는 건축가>와 같은 책 연계 프로그램도 운영한다. 슥슥존에서 완성한 작품은 전시하거나 사진으로 기록한다. 처음 이곳을 방문해서 무엇을 해야 할지 모르는 아이들은 또래의 작품을 모방하며 자신만의 길을 찾기도 한다. 자유롭게 창작할 수 있는 환경 조성을 위해 천장 곳곳에 오토 전선 릴을 달아 슥슥존 어디에서든 전원을 쓸 수 있게 했다. 영상 제작 장비를 설치해 둔 슥스튜디오도 있다.

우주로1216에서는 패시브 프로그램을 운영한다. 학교와 학원을 오가느라 시간 여유가 없는 아이들이 짬이 날 때 언제든 와서 하고 싶은 것을 체험할 수 있도록 했다. 사용법 지도가 필요한 프로그램은 토요일 특정 시간에 도움을 줄 지구인이 출몰하는 방식을 취한다. 슥슥존 한쪽 서랍장을 돌리면 영화 <나디아 연대기>의 옷장과 같은 비밀 공간이 나온다. 이 공간은 곰곰존에 있는 그물침대 휴식공간과 함께 아이들의 사랑을 받는 코너다. 우주인이 그물침대에 바닥의 대형 쿠션을 끌고 올라가도 안 된다고 하는 사람은 없다. 필요에 의한 공간 이동은 인정해준다. 두꺼운 종이로 무기를 만들어 쌓아둬도 "위험한 걸 왜 만드느냐"고 말하지 않는다. 트윈세대만의 공간, 친구와 함께하는 공간, 적당한 모험심을 충족시키는 공간으로 모든 것을 받아들이는 '열림'이 우주로1216 운영자의 기본적인 태도이다.

트윈세대와 지역 문화 사이 다리 놓기

나를 발견하고 세상을 탐색하는 곰곰존에는 모임을 위한 곰실과 곰방이 있다. 창가 고즈넉한 자리에서 책을 읽거나 사색의 시간을 가질 수 있다. 곰곰존 서가의 북큐레이션은 성장소설, 미스터리, 웹툰, 로맨스 등이 중심이 된다. '그래도 일부는 교육적'이고 싶었을 어른의 관점이 아니라, 끝까지 트윈세대의 눈높이에 맞췄다는 점에서 우주로1216이라는 공간의 정체성이 확실하게 다가온다. 또 우주로1216은 지역 문화와 아이들의 연결고리도 만들어준다. <우주인이 만난 지구인 예술가> 참가 작가의 포스터 위에 아이들의 작품 감상이 적힌 포스트잇이 가득하다. 우주인의 창작물에 고양이가 많이 등장하는 것에서 아이디어를 얻어 지역 서점과 연계해 고양이를 다룬 독립출판물을 소개하는 코너도 구성했다.

트윈세대는 자신들의 공간 운영에 적극적으로 참여한다. 우주로1216 트윈운영단(우트)은 초등학생 5명, 중학생 10명 총 15명으로 구성되며 임기는 1년이다. 우트는 기획팀과 홍보운영팀으로 나뉜다. 월 1회 정기모임을 통해 프로그램을 제안·기획하고 컬렉션 구성, 홍보 방법, 운영규칙 논의 등에 동참한다.

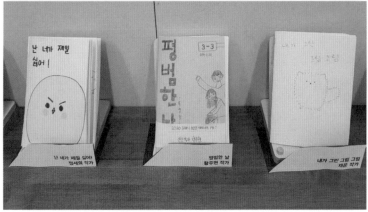

인터뷰: 박남미 전주시 책의도시 정책과장

우주로1216 공간 구성 때 가장 고려했던 부분은?

"트윈세대 공간을 구성하고 조성하면서 가장 먼저 시작했던 일이 트윈세대를 관찰하고 조사하는 일이었습니다. 다양한 방식으로 트윈세대 니즈를 파악하는 과정에서 가장 중시했던 것은 트윈세대의 마음을 존중하고 수용하는 것이었습니다. 실제 다른 현장에서 '아이들의 의견을 들었는데 그들이 원하는 공간을 만들 수 없다'는 말들을 많이 합니다. 예를 들어 누워 있을 수 있는 공간을 만들어주고 싶은데 만들 수가 없다와 같은 것입니다. 그런 점에서 저희는 고정관념을 깨는 작업으로 접근했습니다. 최대한 아이들의 요구사항이나 의견을 수용하려고 노력했고, 실제로 그 의견들을 담은 공간이 구성되어 우주로1216이 트윈세대에게 사랑받는 공간이 되었다고 생각합니다."

이용자는 우주로1216의 어떤 부분을 좋아하는지?
공간으로 생긴 변화는?

"아이들이 좋아하는 공간은 창작공간인 슥슥존과 독서·사색을 즐길 수 있는 곰곰존입니다. 평균적으로 슥슥존은 여학생들이, 곰곰존은 남학생들이 좋아합니다. 우주로1216은 주말에는 약 100명의 아이가 오갈 정도로 인기가 많습니다. 공간 이용을 통해 도서관을 책만 보고 공부를 하는 공간으로 생각하지 않고, 편안하고 자유롭게 이용할 수 있는 공간으로 인식하는 아이들이 많아진 것이 가장 큰 변화라고 생각합니다."

부산에 이런 공간을 만든다면 어떤 부분에 중점을 둘까?

"전주시는 도서관에서 소외되어 온 청소년들이 풍부한 경험을 통해 스스로 삶의 영역을 확장해 나갈 수 있도록 전주시립도서관 꽃심의 3층 전 층을 트윈세대를 위한 공간으로 내주었습니다. 트윈세대를 위한 공간의 중요성과 필요성을 인지하고, 공공 공간 중 적지 않은 부분을 기꺼이 내준 전주시민들의 지지가 없었다면 불가능했을 것입니다. 많은 기관이나 단체에서 우주로1216을 방문하러 오지만 중요한 것은 시설이나 공간 구성보다는 트윈세대를 이해하는 마음, 아이들의 의견을 존중하는 마음이라고 생각합니다. 소중한 우리 아이들이 건강한 '트윈 시기'를 보낼 수 있는 안전한 공간을 만드는 데 마음을 모으고 시민들이 그 마음에 지지를 보낸다면 부산에도 트윈세대를 위한 멋진 공간이 탄생할 것이라고 생각합니다."

팔복예술공장 꿈꾸는 예술터 – 문화예술교육센터

잠들어 있던 유휴공간의 변신

카세트테이프를 생산하던 공장이 예술놀이터로 변신했다. 팔복예술공장
은 전주시가 덕진구 팔복동에 위치한 폐산업시설을 재생해서 만든 복합
문화공간이다. 공장 건물은 1979년에 건립됐다. 쏘렉스(구 썬전자)가 1992
년 폐업한 이후 25년간 방치되어 있던 공간을 전주시가 매입해서 문화예
술공간으로 바꾸었다. 2016년부터 2년에 걸친 리모델링 작업을 통해 2018
년 3월 팔복예술공장이 탄생했다. 규모는 공장 건물과 외부공간을 합치면
13,224㎡이다. 이곳은 전주 제1일반산업단지를 통과하는 북전주선을 끼고
있다. 2020년 말에는 전주문화재단(대표 백옥선) 사무국도 팔복예술공장
으로 이전했다. 전주시는 팔복예술공장 인근 부지를 더 확보해서 이 일대
를 '예술공단'으로 만들어 간다는 계획을 가지고 있다.

팔복예술공장은 예술가의 창작 활동을 지원하고, 상상력과 창의력을 키우

는 예술놀이터를 만들고, 문화·예술의 생산과 소비가 일어나는 지역공동
체를 만들기 위해 '예술하는 곳'이다. 이런 비전에 따라 팔복예술공장은 꿈
꾸는 예술터와 팔복예술대학, 레지던시를 운영하고 전시·대관 사업을 진
행한다.

팔복예술공장은 겉에서 보면 크게 두 개의 건물로 이뤄져 있지만, 운영진
은 공간 성격에 따라 4개 동으로 구분한다. A동에는 전주문화재단 사무국
과 창작 스튜디오, 전시장, 팔복예술 사회적협동조합이 운영하는 써니카페
가 있다. 창작 스튜디오는 입주작가 레지던시 시설로, 현재 4기 입주작가
가 활동 중이다. B동에는 블랙박스인 꿈터 마루방, 유아예술놀이 전용공간,
도서관·교육실 등 총 3개의 예술놀이 전용공간과 이팝나무그림책도서관
이 있다. C동은 올 7월에 개관한 영상예술터이다. 네 번째 공간은 팔복예술
공장에서 가장 넓은 실내공간인 이팝나무홀이다.

팔복예술공장은 설립 단계에서 예술가, 시민, 행정가의 의견을 최대한 반
영했다. 카세트테이프 공장이라는 공간의 정체성을 유지하기 위해 방문자
들이 가장 먼저 찾는 A동 1층에 아카이브 공간을 만들었다. 2층 연결부에
는 옛날 화장실의 모습이 그대로 남아있다. 공장에 근무했던 이들이 과거
300명이 넘는 노동자가 30m 이상씩 줄을 서며 화장실을 이용했던 기억
을 떠올린 것에서 아이디어를 얻었다. 1층이 생산시설로서 공간의 정체성
을 담았다면, 2층에는 그 속에서 일했던 사람들의 정체성을 담았다.

모든 곳이 예술놀이터로

팔복예술공장 꿈꾸는 예술터(이하 꿈터)는 2019년 11월에 개관했다. 유휴
공간을 활용한 문화예술교육센터인 꿈터 전국 1호이다. 예술놀이 전용공
간이 있는 B동을 중심으로 하지만, 사실상 팔복예술공장 내 거의 모든 시
설이 꿈터 프로그램을 위한 공간으로 활용된다. 이곳에서는 문화예술교육
을 '예술놀이'라고 부르고, 그 놀이 공간을 꿈터 바깥 공간까지 확장시킨
다. 팔복예술공장 전체가 예술놀이의 무대로 활용되기에 각 공간이 어떻게

흙놀이터

써니카페

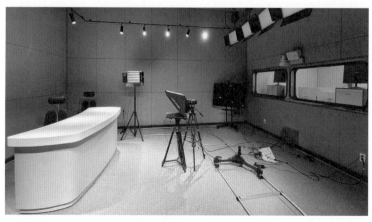

영상예술터

예술놀이와 연결되는지를 알아보기로 한다.

A동 2층 전시장은 휴관일인 월요일에는 아이들에게 공개된다. 일반 관람객이 없으니 시끄럽게 떠들면서 전시를 볼 수 있다. 예술가가 직접 나와 작업 과정이나 재료에 대한 이야기를 들려주고, 가능한 범위에서 작품도 만져보게 한다. 이동형 피아노를 가져와 사운드와 이미지를 결합한 교육을 진행할 때도 있다. 직접 피아노를 쳐보고, 전시장 바닥에 누워 음악을 감상해도 된다.

전시장 운영에 있어서는 가벽을 적극적으로 활용한다. 층고가 낮은 건물의 특성 때문에 나온 아이디어인데, 가벽을 사용해 삼각형, 십자형 등 전시마다 공간에 변화를 준다. 전시장을 다양하게 변화시킬 수 있어서 예술놀이에서 할 수 있는 어떤 형태든 시도하는 것이 가능해졌다. 전시를 관람이 아닌 체험하는 형태로 만들어서 아이들 자신이 직접 작가가 된 것처럼 느끼게 한다. 이를 통해 아이들이 '예술의 원시성'을 회복하게 하는 것이 꿈터의 목표다.

전시장 뒤쪽으로 돌아가면 다목적실이 나온다. 보통 공장 건물은 추위나 더위의 영향을 많이 받는데, 팔복예술공장은 계절에 상관없이 공간을 폭넓게 활용할 수 있다. 열이나 빛에 민감하게 반응하는 카세트테이프를 생산하는 공장이었기에 건물 외벽이 두껍게 설계됐다. 다목적실은 위쪽 작은 창문만 가리면 온도와 빛이 차단된 암실로 변신한다.

다목적실에서 예술놀이를 할 때 원칙이 하나 있다. 바로 시계를 없애는 일이다. 아이들 대상의 프로그램을 진행할 때는 시간에 구애받지 않도록 시계를 뺀다. 예술놀이팀 정희경 주임은 "아이들이 자기 템포를 가져가는 것이 아니라, 몇 시까지 완성하기 위해 잘 만들고 있던 작품을 갑자기 변화시키는 경우가 있다"고 말했다. 작품의 완성 여부와 관계없이 주어진 시간 동안 예술성을 공유하는 것이 중요한데, 아이들에게 "경험하다 가라"고 아무리 말해도 실천이 되지 않았다. 시계를 없애고 나니 "하는 만큼 해보자"고 말하기도 쉬웠다. 결과보다 과정과 경험을 중시하는 교육 철학을 세심하게 실천하는 모습이 인상적이었다.

A동 3층 옥상 공간도 예술놀이에 활용된다. 전시나 야외활동 프로그램 진행이 가능하다. 지금은 철거했지만 레지던시 입주작가가 가꾼 텃밭에서 채집한 것으로 '빛 그림'을 그리기도 했다. 공장의 모든 공간을 꿈터 프로그램 진행 장소로 활용하는 이유는 아이들이 더 많이 느끼게 만들기 위해서다. 같은 공간에서 예술놀이를 계속 진행하면 다른 프로그램이어도 다르게 느낄 수가 없다고 담당자는 설명한다. 실제로 한 장소에서 이뤄진 프로그램에 대해서 아이들은 어디서 했다고만 하지 어떤 프로그램을 했는지를 이야기하지 않았다. 공간을 바꿨을 때는 반응이 달랐다. "옥상에서 어떤 것을 했어요." "저기서는 무엇을 했어요." 공간이 다양해진 만큼 반응도 구체화됐다. 그래서 꿈터 프로그램을 예술놀이 전용공간에만 묶어두지 않는다. 야외공간이나 다른 공간에서 하는 순환 프로그램을 많이 진행한다.

꿈터 운영진은 예술놀이를 기획하는 작가들에게 "한 공간에만 머무르지 않았으면 좋겠다"고 이야기한다. 수업 밖에서 재료를 채집하거나, 야외에서 아이들과 같이 활동하고 워밍업을 하는 등 팔복예술공장 전체를 아우를 수 있는 프로그램 기획을 요청한다. 예술가가 살고 있는 공간에서 문화예술교육이 이뤄지니 프로그램도 풍성해진다. 레지던시 입주작가들이 공간을 파악한 하반기에는 프로그램이 더 다양해진다. 팔복예술공장의 여러 공간을 충분히 다각도로 이용하는 '모서리가 없는 프로그램'이 나오게 되는 것이다.

예술공장 곳곳에 담긴 '배려'

팔복예술공장에는 '변신'이라는 단어가 잘 어울린다. 폐산업시설에서 문화시설로의 외적 변화 말고도 내부 공간이 필요에 따라 수시로 바뀐다. 가벽을 활용하고 서가나 테이블 같은 집기로 수업 성격에 맞춰 내부를 바꾼다. B동 이팝나무그림책도서관에서는 팝업북 전시가 열리고 있다. 책 서가에 바퀴를 달아 필요에 따라 공간의 용도를 열어둔 점이 눈에 들어왔다.

여기에 그림책도서관을 만든 이유 중 하나는 예술놀이에 참여할 수 없는 아이들을 위해서다. 팝업북 관련 체험 수업도 진행한다. 수용인원이 제한되어 있어 예술놀이에 참가하지 못한 아이들이 전시만 보고 돌아가기에 뭔가 미흡하다는 생각이 반영된 것이다. 공장 빈터를 이용한 야외 놀이터 공간도 같은 이유로 만들어졌다. 휴관일에 팔복예술공장을 방문한 아이들이 야외 공간에서 놀다 갈 수 있도록 했다. 무너진 벽 등 공장 건물의 틈새에 조형물 등 최소한의 요소로 구성한 놀이터를 만들어 1년 365일 즐길 수 있게 했다.

이팝나무그림책도서관

이팝나무홀

꿈터 마루방은 방음벽을 설치해서 영상 상영이나 몸짓 체험 등 여러 장르의 예술놀이가 가능하도록 했다. 이곳에서는 예술의전당 영상화사업 <싹 온 스크린> 공연을 감상할 수 있다. 지역의 제한된 예산이 가진 한계를 넘어 다양한 문화공연을 볼 수 있도록 한 것이다. 바닥에 매트를 깔고 빈백을 비치해 유아 동반 방문객의 편의도 높였다.

공간 내부는 가변형 집기로 변화를 준다. 다리와 상판이 분리되는 테이블로 입식, 좌식, 바닥에 앉는 등 다양한 형태의 수업이 가능하도록 했다. 야외에 있는 나무 벤치도 마찬가지다. 예술가가 만든 이 벤치는 2개를 쌓으면 데스크가 되고, 계단으로 쌓으면 무대가 만들어진다. 공간부터 집기까지 있는 것들을 활용해 최대한 다양한 형태로 예술놀이를 진행할 수 있도록 했다.

팔복예술공장은 하나의 공간을 하나의 용도로 못 박지 않는다. 이런 태도는 다목적공간인 이팝나무홀에서 확인할 수 있다. 창고처럼 텅 빈 홀에서는 대형 공연이나 설치 전시, 콘퍼런스 등이 가능하다. 기상 상태가 나쁠 때는 야외 프로그램을 대체하는 공간으로 활용한다. 나무데크로 연결되는

이팝나무광장

통창을 열면 공간이 더 확장된다. 안쪽에서 공연하면 바깥에서 관람하고, 비가 오는 날 바깥에서 진행되는 행사를 아이들은 홀 안에서 볼 수 있게 했다. 이곳에서는 그냥 아이들이 앉는 방향이 수업 방향이 된다. 인기가 많은 이팝나무홀은 예술놀이 프로그램을 우선으로 배정하고 남은 기간만 외부 대관을 한다.

신나는 놀이, 막힘이 없게

팔복예술공장 야외 놀이터에는 여기저기 수도꼭지가 설치되어 있다. 어른들의 눈높이에서 보면 상당히 낮은 위치에 있다. 주변에 물을 끌어다 쓸 수 있는 호스도 많다. 눈여겨보지 않으면 모를 수도꼭지의 존재 이유는 야외 예술놀이의 흐름이 끊기지 않도록 하려는 것이다. 아이들이 바깥에서 만들기를 하다 손을 씻고 싶어질 때, 움직임이 많은 체험활동으로 세수하고 싶을 때 보통의 경우 물을 쓸 수 있는 공간으로 이동해야 한다. 야외 활동을 하다 실내 화장실을 가려면 신발을 벗고 들어가야 한다. 만들기로 흙이 잔뜩 묻은 신발이라든지, 옷에 묻은 먼지 같은 것까지 털어야 한다면 놀이의 흐름은 더 오랫동안 끊어진다. 곳곳에 설치한 수도꼭지와 호스, 야외에서

야외공간 수도꼭지

야외샤워시설

도 연결되는 화장실 같은 것은 아이들의 놀이가 멈추는 시간을 최소화하기 위함이다. 건물 바깥에 있는 흙놀이터 옆에 물놀이터와 야외 샤워장을 만든 것도 같은 이유다. 흙놀이터에서 신나게 놀고 샤워장으로 가거나, 물놀이터에서 놀고 샤워장을 이용할 수 있다. 야외 샤워장의 벽에는 작가들의 작품이 설치되어 있어 아이들은 샤워하면서도 예술을 느낄 수 있다.

A동과 B동을 연결하는 브릿지도 예술놀이의 흐름 유지에 한몫을 한다. 아

이들이 필요로 하는 예술놀이 재료가 담긴 수레를 이 공간에서 저 공간으로 편하게 끌고 다닐 수 있어야 한다. 뭔가가 필요하다는 아이들에게 "나중에 사용하면 안 될까"라고 말하는 것도 창작을 가로막는 요인이 된다. 같은 이유로 예술놀이 실무자의 입장에서 필요한 것이 폐기물 보관 공간이다. 조형물 작업에서 나오는 폐기물을 쌓아둘 공간이 없으면 작품 제작 단계에서 크기를 제한하게 된다. 또 폐기하기 쉬운 종이 같은 것으로 사용할 수 있는 재료 종류도 줄어든다. 엄청나게 큰 집을 짓고 싶은 아이가 '보관할 곳이 없으니 얼마 이상의 크기로 만들면 안 된다'는 말을 듣는다면 어떨까? 폐기물 보관 공간이 있다면 예술적 창의 활동의 범위가 더 커진다. 용접 같은 방식의 제작법을 사용할 때도 이런 공간은 도움이 된다.

아이·부모 함께 성장하는 예술놀이

B동 1층의 영유아예술놀이공간은 놀이와 교육의 경계를 허무는 공간이다. 0세에서 7세까지 아이들을 위한 공간으로, 유아가 없는 시간대에는 초등학생까지 확대해서 운영한다. 주말에는 이곳에서 아이와 부모가 함께 놀면서 예술을 체험하는 정규 프로그램이 진행된다. 예술가와 함께하는 정규 프로그램의 결과물은 전용공간 안에 전시해서 다른 아이들이 모방할 수 있게 한다.

현재 꿈터를 담당하는 예술놀이팀에는 6명이 근무하는데 4명이 문화예술교육사 출신이다. 예산이 확보되면 정식 강사를 뽑아서 진행하고, 나머지는 문화예술교육사인 직원들이 직접 프로그램을 기획해서 운영한다. 유아 예술놀이는 실제 느끼는 감각과 감수성을 키우고, 느낄 수 있는 눈을 열어주는 데 집중한다.

초등 대상 프로그램에서는 이미지, 매체, 언어, 사운드, 몸짓, 조형 등 예술의 원시적 요소를 체험하는 기회를 제공한다. 최소 5회 정도 방문해서 이 요소를 모두 경험하게 만든다. '예술의 원시성'을 찾게 만드는 것이다. 중등 단계는 전주시가 청소년의 전인적 성장을 돕기 위해 개설한 야호학교

영유아예술놀이공간

에서 참가자들이 직접 프로그램을 기획해서 진행하도록 한다. 여기서 아이들은 자기 고유의 예술성을 발전시키게 된다. 팔복예술공장에서 진행하는 청소년 프로그램은 고등학교 1~2학년을 대상으로 하는데, 2021년에는 '기술과 예술의 융합'을 주제로 했다. 청소년 매체 프로그램 일부는 최근에 개관한 영상예술터를 이용한다. 수준 높은 영상 촬영이 가능해 청소년 예술놀이 프로그램에 다양성을 높여줄 것으로 실무진은 기대하고 있었다.

꿈터의 문화예술교육은 놀이에서 교육으로, 성장 단계별로 자연스럽게 넘어가도록 구성되어 있다. 꿈터는 부모 교육에도 관심을 가진다. 예술놀이팀은 부모교육도 진행한다. 부모들이 아이가 하는 놀이의 중요성을 깨닫고, 내 자녀에게 맞는 문화예술교육이 무엇인지 스스로 해답을 찾도록 돕는다. 꿈터에서는 아이들을 있는 그대로의 인격체로 존중하고, 그들이 예술을 마음껏 느끼고 체험할 수 있도록 장벽을 허무는 작업이 꾸준히 이뤄지고 있다.

인터뷰: 정희경 팔복예술공장 예술놀이팀 주임

문화예술교육 공간으로 어떤 방향과 정체성을 가지고 있는지?

"팔복예술공장의 예술교육은 철학과 원칙을 중요시합니다. 저희의 철학은 '예술의 원시성 회복'입니다. 예술의 6가지 원소(이미지·매체·언어·사운드·몸짓·조형)를 활용해 원시적 감각을 회복하고, 예술과 공간을 다양하게 경험하도록 합니다. 원칙은 현업 예술가가 강사로 참여해 창작활동을 확장하도록 합니다. 예술가 1인당 참가자를 10명 내외로 해서 예술인과 대상 간의 스킨십이 최대한 이뤄지게 돕습니다. 예술놀이라는 표현에서 알 수 있듯 예술가와 함께 놀이하듯이 예술을 경험하고, 예술가의 입장에서도 자기 작업의 확장이라고 인지할 수 있도록 했습니다."

공간 구성 때 가장 고려했던 부분은?

"프로그램이나 대상에 따른 다양한 활용과 실험적 시도가 가능하도록 '가변성'에 집중했습니다. 한 공간이 필요에 따라 분리되기도 하고, 전시장이 되었다가 연극 무대가 되기도 합니다. 벽체는 남겨두고 지붕을 없애는 방법으로 공간 구획만으로 다양한 프로그램과 놀이가 가능하게 했습니다. 야외 공간 역시 영구적인 설치물보다는 최대 2년 주기로 철수와 재설치가 가능한 구조물을 지향했습니다. 새로운 놀이를 지속적으로 발견할 수 있도록 변화를 추구하고 있습니다. 전체 공간에 무엇을 채워 넣을 것인가 보다는 어떤 활동을 할 것인가에 대한 고민을 먼저 했습니다. 폐공장이라는 특수성이 미완성 또는 여백의 느낌을 줍니다. 비어있는 건물의 벽면과 바닥 모두 무엇이든 채워 넣을 수 있는 작업공간으로 활용됩니다. 효율적 공간 활용을 위해서는 충분한 여백이 필요하고, 이동과 변형의 유연성을 갖춰야만 예술교육도 예술과 동일한 표현력·창의력을 담보할 수 있습니다."

부산에 이런 공간을 만든다면 어떤 부분에 중점을 둘까?

"팔복예술공장에서 이루어지는 예술교육은 결과 중심이 아닌 과정 중심의

예술놀이이지만, 아이들의 예술성을 보여줄 수 있는 값진 결과물이 자주 탄생합니다. 이런 것들이 공간 안에서 아카이브 될 수 있도록 설계 단계부터 배려가 된다면 향후 예술교육의 방향과 흐름을 엮어내는데 좋은 재료가 될 것입니다. 실무자의 입장에서 예술놀이를 위한 재료를 보관하고 폐기물을 저장할 수 있는 공간이 미리 만들어진다면 좋겠습니다. 예술놀이에서 재료는 중요한 요소입니다. 재료를 원활히 적재적소에 사용할 수 있도록 저장 공간이 충분히 마련된다면 양질의 예술놀이가 진행될 수 있을 것입니다. 더불어 폐기물 저장 공간이 함께 마련되면 예술놀이가 규모와 재료의 제한 없이 운영될 수 있어 기획 단계부터 다양한 의견을 반영할 수 있을 것입니다."

글을 마치며

2020년 부산 문화예술계는 부산 북구청이 추진한 문화예술교육전용시설 꿈꾸는 예술터 조성사업이 무산되는 과정을 지켜봤다. 구 예산 부담과 주민 여론을 이유로 구의회가 관련 예산을 전액 삭감하며 국비와 시비까지 확보한 꿈터 사업은 결국 꿈으로 사라졌다. 전주의 문화예술공간 두 곳을 방문하며 계속 생각했다. '이런 공간이 있는 도시에 사는 시민들은 참 좋겠

다.' 부산은 왜 이런 시설을 품지 못했을까? 단순히 예산의 문제였을까? 이 것은 특정 지역만의 문제가 아니다. 인구 340만의 도시가 어떤 가치에 우 선순위를 두느냐의 문제이다. 꿈터 사업은 무산됐지만, 또 다른 문화예술 교육 공간을 만들기 위한 노력은 계속되어야 한다. 그러기 위해서는 다음 세대를 위해 마음을 열고, 그들의 목소리를 수용하고, 그들을 위한 공간을 우선적으로 배려하는 자세가 필요하지 않을까 생각해본다. 이것은 모든 세 대가 함께 살기 좋은 도시의 시작점이기도 하다.

참고자료

전주시청 홈페이지 https://www.jeonju.go.kr/

전주문화재단 홈페이지 https://www.jjcf.or.kr/

전주시립도서관 홈페이지 https://lib.jeonju.go.kr/

팔복예술공장 홈페이지 https://www.palbokart.kr/

김성현(2020.12.14.), 북구 '꿈꾸는 예술터' 끝내 무산, 부산일보.

김성현(2020.12.9.), 북구 '꿈꾸는 예술터' 구의회 제동 꿈으로 사라질라, 부산일보.

김기중(2018.12.21.), [문화로 거듭난 공간] 25년 전 카세트테이프 찍어낸 곳 예술 창작·교육 이끄는 거점으로, 서울신문.

지역공간을
문화예술교육
거점으로

김정연
—
구술채록인

전) 전주 <꿈꾸는 예술터 조성사업> 예술교육 기획 담당
2016년 부터 지역 문화와 한국전쟁, 근대 문화에 관심을 두고 사라져가는 기억을 담는 구술채록 활동을 하고 있다.
구술 채록집 <부산 동구에서 삶을 오롯이 이바구 하다>, <신발의 도시 부산, 그곳에 숨은 이야기>,
<부산어묵 이야기>등이 있다.
2020년 기록문화창의도시 청주에서 <다음세대기록인>으로 선정되었다.

문화예술교육 공간은 지역의 특색과 지형의 특성에 맞는 프로그램 개발, 뜻을 가지고 기획을 실행하는 과정에서의 경험 공유, 접근성과 지속성에 대한 고민을 하게 된다. 원고에서 소개할 내용은 부산과 닮은 지역에서 예술교육 공간의 필요성을 인지하고 '열린 거점'을 만들어 지속과 확장을 고민하는 분들의 이야기이다. 지역을 먼저 품에 안고 다년간 노력과 개선점을 발견하고 있는 예술인, 마을활동가, 문화원, 예술단체 등 운영 주체의 다양한 사례로 소개하고자 한다. 문화예술을 위한 공간은 우리가 살아가는 터전 곳'곳', 생활기반 곳'곳'에 형성 되어야 하고 '교육'이 아닌 예술로 스며드는 생활로 누구나 누려야 한다. 접근성과 지속성, 공간 중심이 아닌 전용 공간을 만들어가는 사람이 중심이 되어 다년간 시간의 축적과 네트워크로 거점이 형성된 과정을 들어본다.

지리산씨협동조합 협동조합

자계예술촌 예술단체

장승포아트스페이스 문화원

장흥용산마을학교 학부모

프리포트 이주민

자발적 마을단위 예술교육

지리산씨협동조합

임현수 지리산씨협동조합 대표

삶의 현장 속에 모든 것이 이루어져야

주민들의 삶과 관련된 마을의 어메니티(환경조성)을 구축하는 작업 중의 하나로 저는 2012년에 <지리산 둘레길 구례센터>장이었습니다. 그 당시 사업은 둘레길 위주의 조성이 주 사업이었는데 그 과정에 좀 더 지속적이고 장기적으로 확장 가능성이 있는 사회적 경제 조직이 필요하다는 생각이 들었습니다. 지역을 중심으로 주민들 스스로가 일할 필요가 있는데 그 과정을 한번 만들어 보자 해서 이런 콘텐츠 고민을 하고 있는 주민 여섯 명이 모여서 지금의 협동조합으로 이어졌습니다.

지역의 작가들하고 고민하기 시작한 것은 "마을의 이야기를 주민들 스스로가 어떻게 풀어낼 수 있을 것인가?"였습니다. 일반적으로 지역의 문화를 바탕으로 만들어내는 기록 형태가 아닌 "주민들 스스로가 자기 것을 만들어 갔으면 좋겠다." 시작은 이렇게 된 거죠. 작업 자체를 단기적으로 끝내는 게 아니라 주민들과 관계를 형성하고 결국에 자기 과제를 스스로 가지

전라남도 구례군 구례읍 봉성로 36

고 나올 때까지 계속해야 한다고 생각했습니다. 시간이 걸리는 오랜 과정이지만 그 일련의 과정을 보여줘야 사람들이 이해하고 알게 되니까. 지자체나협력 없이 개인이 민간에서 쉽게 할 수 있는 일이 아니잖아요. 그런 사례들이 거의 없을 때에 한 번 해보자 해서 마을에 직접 들어갔죠. 삶의 현장 속에서 모든 것으로 이루어져야 한다고 생각이 들었고 음악 하는 분, 그림책 작가, 글 쓰는 작가, 조형 작가 등 분야는 다르지만 테마는 똑같았어요. 오랫동안 있었던 마을의 자원들, 어르신들의 그 삶을 노래로 표현하거나 사진, 그림책 등 표현하는 과정을 문화예술교육을 통해서 만들어내는 과정의 구성이었습니다. 더 나아가 본인들의 삶에서 문화예술교육의 확장성을 위해서 교육에서 생산으로 나아갈 수 있게 마을의 이야기, 자신들의 브랜드를 만들 수 있는 방향으로 설계를 한 거예요. 핵심은 도와주는 매개 역할로 끌고 가는 것이라서 기능적으로 접근하는 부분들은 경계를 했습니다.

역량이 모일 수 있는 거점의 필요성

단기적으로 끝나기보다 둘레길 몇 개 마을을 선정해서 5년간 지속적으로 활동하고 계속 키워 나가자고 생각하고 있는 거예요. 장기간 이분들의 삶을 가지고 집중했을 때 어려움은 참여하신 분들이 돌아가시기도 하고 이사 등 삶의 변화에 대응해서 이 과정을 잘 연결시킬 수 있는 것 까지 고민을 하게 되었습니다. 역량이 모일 수 있는 공간, 이를 확장을 시킬 수 있는 거점 공간이 필요하다는 생각이 들어 마을에 찾아 들어갔던 활동을 읍으로 나와서 거점을 만들어 활동을 시작을 한 거죠.

공간을 찾다 보니 비어있는 공간은 많지만 입지도 중요하고 활동에 적합한 크기와 활동의 확장성을 생각했고 그 당시 나와 있는 이 공간으로 거점을 선택한 거죠. 이 공간에서의 시작은 새로운 라이프 스타일과 공유할 수 있는 미래 역량을 중심으로 해서 문화예술교육이 가능한 융복합 성격의 공간을 만드는 게 취지였습니다. 예전에는 넓은 공간에서 워크숍도 많이 진행했었는데 기초단위 문화예술교육 거점 구축 사업을 진행하게 되면서 교육과 사무공간을 분리해서 운영하고 있습니다. 자연자원을 이용한 프로젝트, 기초단위 거점을 만드는 팀, '예술 친구'라고 해서 기존에 진행했던 마을에 들어가서 사회복지나 예술교육 진행하는 라인으로 각각의 프로젝트 팀 체제로 가고 있습니다. 예술 장르로 들어오신 분들이 열다섯 분 정도가 되고 생태와 인문학으로 결합해서 참여하시는 분들이 다섯 분, 현재 스무 분 정도 활동하고 계십니다.

자발적 운영 주체의 강점

지리산 자락 마을에 계신 어르신들은 산골에서 아이들을 키우고 그 자녀들은 커서 도시에 나갔는데 경험과 교육적 뒷받침이 되지 않아 문화적 소외감을 가지고 있었죠. 지금은 다양하게 누릴 수 있는 기회가 왔음에도 불구하고 경험이 없어서 그것을 못 찾는 거죠. 실질적으로 그분들에게 경험을 통해 접근성을 확보하고 필요성에 대한 인지만 있으면 누구나 다 집중해서 하게 되고 이런 경험을 통해 자신의 삶에 격이 바뀔 수 있다고 생각할

역량이 모일 수 있는 공간, 이를 확장을 시킬 수 있는 거점 공간이 필요

수 있는 것이 큰 의미인 거죠.

자존감이 낮은 것을 어떻게 올리느냐, 구례 지역은 넓어도 한 다리 건너면 다 아는 지역민들이기 때문에 인구밀도나 산악 지역 같은 지형에 맞게 조절을 할 필요가 있어서 이를 해소할 수 있는 것들을 위해서 다변화시키고 새로운 시도를 늘 해야 합니다. 그런데 문화예술교육 자체를 민간에서 주도하여 운영을 지속해 나가는 것에 대한 회의가 있습니다. 이를 지속 시킬 수 있는 힘을 지원을 받든 스스로 벌어서 진행을 해야 하는데 저희도 코로나19가 발생하면서 돈을 벌어들이는 길이 막힌 거죠. 오히려 다른 사업을 통해 벌어서 운영을 유지해야 하는 현실이 불안하기는 하지만 주도적으로 운영하는 저희의 장점은 문화예술교육 수요에 대한 인식, 이 사람들이 어떤 이해를 가지고 어떻게 움직이는지 과정을 매우 잘 볼 수 있습니다.

공급자인 기관이나 지자체에서 운영할 경우 담당자가 변경이 되거나 늘 그 과정을 지켜볼 수 있는 환경이 되지 않기 때문에 정확한 판단이 되지 않을 수 있습니다. 삶과 같이 밀착해서 형성되어야 할 것을 보다 보면 진짜 필요한 구성을 우리는 알게 되는데 이를 사람들에게 설득시키는 것이 매우 어려워요. 그러다 보니 우리는 직접 보여주는 것을 계속하는 겁니다. 보여줘도 이해를 못 하면 다른 단계로 활용하는 과정까지 간다든가 참여하신 분들 스스로가 시간이 걸리더라도 이러한 경험과 과정이 필요하다는 것을 이야기할 수 있게 만들자는 시도를 계속하고 있습니다.

점진적·장기적 기틀을 마련

무조건 마을에 들어가서 "우리 이런 것을 같이 합시다."가 아니고 이미 그전에 들어가서 마을 분들을 늘 만나 뵙고 찾아뵙고 안면을 쌓고 친목을 쌓으면서 예술교육을 하기 위한 틀을 마련해 둔 상태에서 진행하는 거죠. 사전에 이장님이나 회장님들을 만나 인터뷰를 통해서 같이 고민을 하는 과정이 필요해요. 마을에 있는 어르신들을 모으기 위해서 경로당을 찾지만 찾는 분들이 한정적이기 때문에 골목으로 들어가고 거리나 일일이 찾아다니며 참여에 대한 인식을 시키는 과정에 어려움은 있지만 한번 뭔가를 시작해서 주민분들이 '그 맛'을 보면 굉장히 열심히 하세요.

구례라는 지역이 지리산 둘레길로 이어진 사각지대에 위치한 마을이 많습니다. 저희가 직접 찾아 들어가야 하고 그리고 구례 시내에 모인 거주 지역

두 개로 나뉘다 보니 저희는 마을로 찾아 들어가는 방식과 거점주위에서의교육 활동을 하고 있는 거죠. 거점 위주의 방식은 움직일 수 없는 분들을 대상으로 이동수단이 제공되

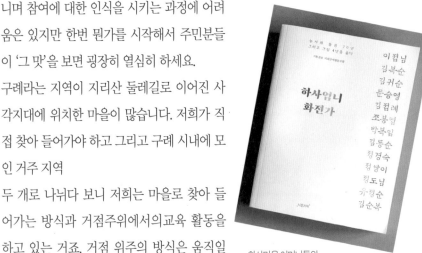

화사마을 어머니들의
4년간 프로젝트 그림 이야기책

는 에듀 택시나 에듀 버스를 활용 혹은 교육기관과 협업해서 찾아오시거나 개별적으로 오실 수 있는 읍 단위 분들을 대상으로 프로그램을 진행합니다.

어르신들에게도 방법만 알려 드리면서 스스로 결과로 이어지게 하실 수 있게 하는 거죠. 온라인을 통한 미디어 방식의 교육으로 접근성을 좁혀 갈 수 있는 시도들을 이런 사각지대에서는 많이 해야 할 필요가 있다고 생각합니다. 사람들은 "어르신들이 스마트폰도 못하는데 미디어 교육을 받을 수 있겠냐."라고 하는데 그 단계의 생각을 넘어서야 한다고 생각합니다. 어르신들도 다 니즈(needs)가 있고 하고 싶어 하시는데 도구를 알면 다 활용할 수 있는데 그 과정을 다루게 만드는 과정이 필요한 거지'어른들은 못 한다.'라고 생각하면 안 된다는 거죠.

매개자 코디네이터의 역할

주민분들께 "뭐하고 싶으세요?"라고 하면 답이 안 나옵니다. '어떤 키워드가 이 사람들에게 필요했을까?'를 고민해보고 반대로 제안을 하죠. 예술강사와 작가들이 이미 틀이 주어진 것이 아닌 그 틀을 스스로 디자인하고 구현할 수 있는 방법을 안내하고 역량을 강화할 수 있게 문화예술교육과 작은 활동의 경계의 선을 점차 넓혀 나가는 과정을 선택을 하죠. 이미 이러한 수단을 이용해서 접근하고자 하는 사람들이 있었습니다. 꼭 문화예술교육이라는 이름이나 문화예술교육사라는 이름으로 하지 않지만 디자인하고 구성해서 움직일 수 있도록 도와주는 코디네이터 분들인 거죠. 코디네이터는 주민들에 대한 수요를 파악하고 찾아내서 매개하는 역할을 합니다. 경험하고 싶은 주제에 대해 그 방법에 대한 제안, 그것을 도와줄 수 있는 분야별 작가들을 연결해서 협업할 수 있게 해주는 역할이죠. 작가나 그 분야를 잘 아는 역량 있는 사람들이 도울 수 있게 하는 매개자입니다.

자기의 삶이 활동 속에서 교육할 수 있게 만드는 사람들을 계속 양성하는

변화와 융합이 가능한 공간

쪽으로 코디네이터 같은 분들이 많이 필요하거든요. 지금 우리는 앞으로 삶의 활동 속에서 교육할 수 있게 만드는 코디네이터들이 많이 필요하기 때문에 코디네이터 양성교육을 하고 있습니다. 똑같은 것만 진행하는 사람들은 정말 많고 한계가 있고 어디서든 하고 있습니다. 그런 것 말고 수요가 있으면 그 수요를 발굴하고 연결 시킬 수 있는 역할들이 필요하고 똑같은 것 만 하는 것이 아니라 그다음 단계로 넘어가야 확장 가능으로 이어 나갈 수 있거든요.

융합과 변형이 가능한 예술전용 공간

핵심적으로는 '거점의 형태'라고 생각을 하거든요. 점·선·면으로 쭉 이어진 유기적인 연계망을 가지고 무에서 교육을 통해서 스스로 삶의 안전망을 구축하기도 하고 자신의 삶의 질뿐만 아니라 유기적으로 계속 결합이 되어야 합니다. 특히 오프라인에서 질이 좀 더 높거나 다른 장르가 있기에 융합되는 성격을 가질 수도 있고, 일종의 공방 같은 거죠. 내가 가지고 있는 하나만 가지고 교류를 할 수 있는 것이 아니라 다양한 영역을 같이 융합교육이 가능하게 하도록 하고 그 과정에서 코디네이터들이 매개 역할을 해서 질을 높여 나가는 과정을 구성하려면 활동의 형태가 많아져야 하기 때문에 활동을 위한 거점이 없으면 이런 과정이 어려운 겁니다.

거점은 활동의 유기적인 융합과 융합을 위한 망을 구성하는 코디네이터들의 역할을 해야 하기 때문에 질량처럼 점선에 많은 것이 구축이 되었다고 하면 자연스럽게 융합시키고 모자란 것을 같이 채워 줄 수 있는 공간.

전용공간은 변화가 가능해야 하고 늘 융합이 가능해야 합니다. 먼저 구비되어 있는 것으로 채워 넣지 말고 융합이 가능한 빈 공간만 만들어 놔도 충분히 미디어 영상 촬영이나 AR·VR 같은 것도 구현이 가능합니다. 한 공간에서 다양한 장비를 이용해서 변형을 시킬 수 있어야 합니다. 한 가지 콘텐츠를 위해 모든 것을 구축을 해버리면 안 되는 거죠. 수요자들이 코딩 교육을 하고 싶다고 하면 이동과 보관이 가능한 노트북이면 되는데 데스크톱이 놓인 교육실을 만들어 버리면 그 공간 활용에 제약이 생기죠. 전용공간도 예쁘게 만드는 것이 중요한 게 아니라 실제로 수요자들이 필요한 공간을 만드는 것, 어떤 경험을 원하는지 공간에 가변성을 가지고 융합 될 수 있게 조성하는 것이 중요합니다.

지역학과 문화예술교육

저희는 이곳에서 자신의 굿즈를 만드는 작업, 기물을 이용한 메이커 스페이스, 최근에 강화된 미디어 제작에 참여할 수 있는 영상물 만들기, 카메라 필름을 이용한 사진, 오래된 가게들을 취재해서 인문학적으로 접근하여 인

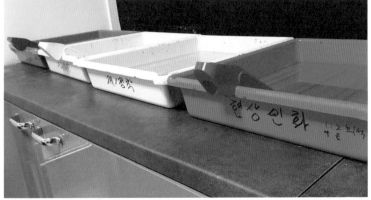

자신만의 감성적 접근을 위한 아날로그 프로그램

터뷰와 사진을 병합한 작업과 전시, 아날로그 사진은 구도나 장면에 대한 감성적 접근을 경험해 주고자 합니다. 내가 정성을 들여서 한 장면을 찾아가는 과정을 있는 그대로 구현해서 보여줄 수 있는 디지털과 미세한 차이이지만 변형을 최소화 한 자신만의 노고에서 오는 감성을 다룰 수 있는 것과 화면 구성 방법을 알게 해 주는 거죠.

우리는 기존의 문화 활동에서 차별성을 강조하는 것은 아니고 여기에서는 기존에 하지 못한 것들을 하는 거니까 찾아가고 또 현장에서 진행하는 것들도 학교에서 하지 못하는 교육을 하는 겁니다. 지역교육과 지역공동체에 대한 필요성이 계속 대두되기 때문에 이를 교과과정과 연계한다든지, 자기가 살고 있는 지역에 대해서 어떤 식으로 풀어 나갈 수 있을까? 문화예술교육을 통해서 풀어나갈 수 있는 기저가 무엇이 있을까? 라는 고민을 통해 공급을 하고 새로 제안도 해요.

여기서 실질적으로 살아남을 수 있는 길은 지역성입니다. 지역의 정체성이기 때문에 지역성을 구축할 수 있는 것은 지역의 정체성을 키워나가기도 하지만 어느 정도의 단계에서 구축할 수 있는 게 필요한데 그것이 저는 지역학이라고 보거든요. 지역학과 문화예술교육은 절대 분리될 수 없다고 생각합니다. 지역학이 결국은 지역의 브랜드이기도 하고 지역이 가지고 있는 자기의 정체성을 구성할 것이기 때문에 대도시에서는 하기 어렵겠지만 이런 지역에서는 앞으로 '누가 살더라도 지속해서 갈 수 있는 것'은 '지역성'이라는 거죠. 지역학이 반드시 필요하고 문화적 접근이 베이스가 되기 때문에 이곳의 코디네이터와 예술인들이 활동을 하는 거죠. 그래서 마을에 들어가기도 하고 제시하는 활동을 공유하면서 스스로 움직일 수 있는 반경을 변화시키고 바꿀 수 있기 때문에 움직이게 되거든요.

공공재처럼 가지만 공적인 것은 아닐 수 있어요. 지자체의 공공성을 가지고 수많은 활동들이 유기적으로 연계되게끔 만들지만 하지만 지립성은 줄 수 있는 것은 별도로 필요한 거죠. 공공성으로 만들 수 있는 생태계 메세나도 하고 후원도 하고 관이나 공적인 에너지도 외곽에서 들고 올 수 있게 에너지도 지속적이고 자립성은 우리의 수요는 우리가 가지고 가야 하는 거죠.

지역 경계를 허무는 창작거점
자계예술촌

박연숙 자계예술촌 대표

영동산골에 터 잡기

저희는 연극 단체로 대전에서 활동하다가 충북 영동으로 온 지 20년이 되었어요.

처음 이 동네에 왔을 때만 해도 동네에 슈퍼마켓 하나 없었어요. 생필품 하나를 사러 영동 읍내보다는 가까운 전북 무주로 나가야 했어요. 그래서 이 공간에 늘 상주하는 것에 어려움이 있어 극단은 프로젝트를 진행할 때마다 모일 수 있는 비상근 체제로 운영하게 되었어요. 예술교육을 진행할 때는 참여하시는 분들이 일정에 맞춰서 이곳 예술촌으로 들어오시고 공연에 참여하시는 분들은 공연 일정에 맞춰서 들어와서 연습하고 있어요.

자계예술촌은 1991년에 폐교되어서 10년간 방치되었던 학교인데 2001년에 저희가 계약을 하고 내부와 외부를 꾸준히 고쳐나갔어요. 휴교 이후 10년간 방치되었던 곳이다 보니 예전의 모습을 보존할 수 있는 창틀이나 문, 바닥을 제외하고 모두 바꿔야 했어요. 처음에는 빚도 내면서 하다가 2004

년 <생활 친화적 문화환경 조성사업>이라고 해서 문화예술공간에 지원하는 사업에 선정이 되어서 큰 도움이 되었어요. 삽질만 하다가 포클레인이 들어왔다는 비유를 쓰기도 하는데 그때 운동장에는 야외무대를, 교실로 쓰였던 곳은 실내 소극장으로 꾸밀 수 있었지요. 그 이후에도 여전히 공간 운영을 위한 부분 공사는 지속되고 있어요. 오래된 건물이고 방치되었던 게 10년, 저희가 사용한 게 20년이 되다 보니까 해마다 보수를 꾸준히 해야 해요. 저희가 페인트칠하고 문짝과 같은 것들은 필요에 따라 수리해나갈 수 있는데 건물 곳곳에 누수가 발생되어 작년까지 몇 년에 걸쳐 방수를 위한 지붕공사는 집주인인 교육청에서 해주셨어요.

자계예술촌은 교육청과 임대계약 관계에 있지만 그와 별개로 대민활동, 특히 지역에 있는 청소년과 아동들과 교육 프로그램을 통해 협력하기도 합니다. 학교와 함께 기획하고 연계하는 교육용 연극을 만들기도 하고 내년에는 영동 관할의 초등학교 전체를 대상으로 <연극 만들기 프로젝트>를 장학사님과 머리를 맞대고 준비를 하고 있어요.

예술촌은 산골이라서 저희가 프로그램을 열면 이곳으로 누군가가 차로 데리고 와야 하는 어려움은 늘 있어요. 주된 프로그램 홍보활동은 저희가 오랫동안 구축해 온 연락망을 통해 회원분들이나 SNS를 통해 전달하지요.

충북 영동군 용화면 횡지구백길 5

대부분 주중에 학교에서는 외부 체험활동으로 오시고, 주말에는 부모님들이 아이들과 예술촌으로 오고 있어요. 올해 진행했던 토요예술 농장 같은 경우에는 아이들과 부모님이 함께 가족 단위로 참여하는 방식으로 인접한 무주지역을 포함한 지역민들이 주대상이 되고 있지요. 5주와 4주짜리 프로그램으로 1기에서 3기까지 10여 명씩 신청을 받아서 운영하고 있습니다.

찾아가는 교육에서 종합 예술공간 안으로

아동들을 대상으로 하는 교육 프로그램 진행은 15년 정도 되었어요. 충북의 문화예술교육센터에서 하는 지원 사업을 계속 받아서 지역특성화 문화

예술교육사업을 했었는데 주로 노인회관이나 지역아동센터, 주민분들이 모여 있는 곳으로 찾아가는 프로그램이었어요.

체험·교육과 관련된 일반 퍼블릭 프로그램은 2016년부터 분기별로 한다든가 1년에 많이 하면 4번, 아침에서 저녁까지 하는 <예술 농장 프로그램>이 대표적이지요. 오전 10시에서 오후 4시~ 5시까지 이곳에서 식사 두 끼를 함께 요리해서 즐기고 해결해 가면서 예술에 온몸을 푹 담가서 '예술 농사'짓듯이 놀면서 공연도 즐기는 프로그램이에요.

예술교육을 함에 있어서 연극이란 장르는 장점이 참 많은 것 같아요.

분장실·의상실·소품실

연극 안에는 글쓰기부터 미술과, 무용과, 음악과 모든 영역이 들어 있거든요. 예술교육 장르는 학원에서 가르치는 접근의 프로그램이 아니에요. 과정 중심에 이것을 매개로 해서 새로운 것을 발견하고 찾아가는 거잖아요. 초등학교 프로그램은 특히 놀이 중심의 프로그램이 있어야 하는데 그러기 위해서는 디테일한 기술이 아닌 재미있게 놀면서 새로운 것들에 내면의 것들을 건드려 주는 것이 연극이라는 장르 안에 충분하게 녹아져 있다고 봐요.

연극이 주된 장르이긴 하지만 자연스럽게 통합 장르적인 성격을 띠게 되지요. 이런 이유로 연극은 예술교육 프로그램으로 최적의 장르라고 생각합니다.

코로나19에 대응하는 변화

공연 장르는 코로나19로 인해 가장 많은 어려움을 겪게 되는 것 같아요. 대면공연을 할라치면 어떤 분들은 카페나 식당에도 가시면서 냉소적인 반응으로 "지금 공연을 해도 돼요?"하시면서 마스크 쓰고 열린 공간에서 안전하게 하는 공연도 낯설어 하세요. 코로나19로 인한 상황에 문화예술에 대한 접근성이 아예 차단이 되어 버렸어요. 열린 공간이 문이 닫히고 협업하던 지역 공간마저 전부 문을 닫으니까 저희가 설자리가 없어진 거죠. 2020년에는 어르신분들과 마당극 프로그램을 기획해서 몇 차례 진행도 했었는데 지역에서 코로나 확진자가 나오자 바로 취소해야 했지요. 그 어르신들은 저희 예술촌으로 들어오시게 할 수도 없는 상황이었어요. 사정이 이렇다 보니 2021년도에는 이 공간을 교육사업으로 적극적으로 활용해야겠다고 생각했지요. 이 공간은 실내 소극장을 포함하여 야외무대와 공연 부대시설이 다 공연을 위한 시설이기도 하지만, 통합 예술교육을 하기에도 아주 안성맞춤이에요. 이전까지는 전문 예술인들을 위한 공연 공간에 집중하고 예술인들을 위한 레지던시, 워크숍 위주였는데 코로나19 확산 이후에는

이 공간만큼 안전한 곳은 없다는 생각이 들었어요. 넓은 공간이고 사방이
열려있고 자연과 가까이 있어서 일단 오시는 분들께서 안전한 느낌이 드
신데요. 저희 자계예술촌이 기획하는 프로그램에 참여하시는 분들도 대부
분 인근에서 오시던 분들이 오시고, 철저하게 방역지침을 준수하면서 이제
부터는 보다 적극적으로 이곳을 저희 예술교육의 거점공간으로 그 쓰임을
확장해 나갈 생각입니다.

프로그램에 가장 적절한 시기

지원 사업은 사업비가 집행되는 시기가 중요해요. 농촌지역 같은 경우에는
지원 사업을 진행하고 있지 않은 동절기가 가장 여유로운 시간들이거든요.
이 시기에 프로그램을 진행하기가 수요자 입장에서 보면 가장 좋은데 정
작 이 시기는 매년 집행 예산 마감과 결과 보고, 내년도 사업신청 준비 기
간이다 보니 기회를 놓치고 있어요. 특히 요 근래 들어서는 점점 사업 지원
신청 시기도 늦춰지고 있어요. 전에는 어떻게 하든 3월부터는 진행을 했었
거든요. 교육사업도 3월에 시작했는데 지금은 5월에 시작을 해요. 너무 늦
어진 거예요. 예산 교부가 늦어지게 될 경우, 전에는 프로그램을 일단 시작
하고 예산이 교부된 이후에 소급해서 강사비를 지급할 수 있게 탄력적으
로 진행을 했었는데 지금은 교부 확정이 안 되면 아예 사업 시작도 못 하게
되었어요. 사업비 교부 전에 진행한 것은 인정이 안 되는 상황인 거예요.
이런 과정과 방식은 행정절차로만 볼 때는 체계적이다 싶겠지만, 사업을
수행하는 입장에서는 사업의 목적과 필요성에 부합되지 못하는 부분이 많
아요. 또한, 최근 들어 더해지는 어려움은 수업일지를 기록하거나 수업 증
명을 위해 과한 증빙자료들의 요구가 많다는 겁니다. 수업을 진행하다가도
좋은 장면이 있으면 우선 카메라부터 찾게 되는 경우도 허다하지요.
노인분을 대상으로 하는 적당한 사업 시기는 저희 같은 운영체의 편의보
다 대상자를 생각해 보면 노인분들이 농사를 쉬고 있는 시기가 겨울이에

요. 아동들에게도 방학 시기에 맞춰서 미리 계획을 짜면 지원 예산이 확보되지 않아서 긴 겨울이 지나고 봄을 맞아 생동감 있게 무언가를 시작하려 해도 제대로 못하고 있어요. 아동들도 기다리고 있거든요. 지원사업의 예산 행정절차가 현장에서 필요로 하는 시기에 지원이 안 되는 문제는 개선되어야 한다고 10년 전부터 이야기하고 있는 거 같아요. 현장에서는 그게 굉장히 크게 작용되는 문제잖아요. 예산이 집행되면 잘 되느냐 그것도 아니에요. 농사에 바쁜 시기에 마을로 직접 찾아가는 경우, 낮에 일하시고 저녁에는 쉬어야 하는데 프로그램 참여하신다고 부랴부랴 씻고 저녁도 거르시고 기가 빠져 있는 상태로 참여하시거든요. 저희는 연극 프로그램이라 몸을 활용하고 활동적으로 진행해야 하는데 참 부담스러운 상황이 발생되는 거죠. 농사 휴지기인 겨울 기간은 예술인들에게는 보릿고개에요. 이런 시기에 지원 사업이 진행이 안 되는 것에 대해 현장에서 오랫동안 나왔던 목소리가 개선이 안 되고 있어요. 예산편성에 대한 지역별, 장르별, 대상의 특성에 맞게 지원해 주는 행정 전담 부서가 필요해요.

'여기'라서 가능한 프로그램

자계예술촌의 중심 활동 축은 창작공연 활동과 지역민을 위한 지역기반 예술교육 활동이에요. 거점은 특정 장소 개념이라기 보다 지역에서 2006년도부터 자계예술촌이 문화재단과 문체부에서 하는 퍼블릭 프로그램들을 운영해 온 역량이 있잖아요. 지원체계가 작은 지역에 있는 개별 활동 방식을 취하는 예술인들에게는 지원 사업에 접근하기가 여러모로 쉽지 않은 게 현실이지요. 뭔가 그들이 하고 싶어도 사업계획서 및 예산 짜는 법과 정산 같은 행정 절차들은 까다로워지고 집행 과정에서 행정 시스템도 운영을 해야 하다 보니 오랫동안 활동을 통해 획득된 저희가 지닌 운영 노하우를 지역에 다른 인력들과 공유해야 한다고 생각합니다. 일반 예술 수업이 아니라 문화예술교육 사업이라고 보는 국고 보조금이 붙는 지원과 사업의

꾸준함으로 지속 되어 온 공간조성 20년

형태에 대해 같이 고민하고 우리가 가진 노하우를 공유하는 의미로서 거점을 저희는 이해하고 있지요. 문화예술교육사업이 큰 틀의 형태가 어떻게 변모되었는지 과정을 다년간 관심을 둬서 알고 있어요. 초반에는 예술가들이 강사로써 활동을 지원하는 사업이었고 이후 소외지역 예술교육이었다가 지역 예술 교육으로 지원 형태가 바뀌었는데 이 지원 사업의 방점이 어떤 것에 있는지 몸소 참여해봤기 때문에 지역의 예술교육 인력들에게 노하우를 공유하고 이 공간도 공유하는 것으로 거점을 생각하고 있어요.

올해 특히 주변의 자연이 너무나 좋다는 것을 느꼈어요. 전문 예술인들이 함께 공연하는 공간을 넘어서 상시는 아니더라도 여름과 가을에 이 주변에 자연과 공간 곳곳에 함께 누릴 수 있는 프로그램을 기획을 했어요. '이 공간이기 때문에 가능한' 프로그램들인데 야외무대, 소극장, 응접실, 주변 냇가, 인근의 산책로를 주로 이용한 프로그램입니다.

행정구역 상 충북이지만 영동에서도 외곽에 있고 오히려 전북 무주하고 더 가깝지요. 이곳에 터를 잡기 전 저희 단체 활동 근거지가 대전이다 보니 지금도 여전히 대전지역과는 여러모로 연계성을 가지게 되지요. 다양한 예술교류와 협업, 관객과 프로그램의 참여와 같은 방식으로요. 저희 공연 관객이나 프로그램을 오픈해서 참여 모집자들을 보면 영동 분들이 40%, 나머지는 대전, 서울, 전북 등 전국구에요. 공연축제 같은 경우에는 전국에서 경기도, 부산, 울산 등 다양한 지역에서 보러 오세요. 연극도 연극이지만 이 공간의 매력을 좋아하고 공연예술축제의 분위기를 좋아하시는 분들이 찾아오세요. 전에는 지역의 이야기를 기반으로 하는 프로그램을 많이 고려했지만, 요즘은 프로그램 내용 선정에 많이 자유로워지고 지역의 경계 없이 프로그램에 참여하셨던 분들이 다시 찾아 오세요.

참여자 모두가 즐기는 공간

요즘 아동들의 방과 후 일과를 보면, 집집마다 휴대폰 보고 있고 같이 어울려서 할 수 있는 꺼리가 별로 없어요. 가족끼리 함께 어울려본 경험이 없다 보니까 이곳에 오신 가족들도 대개 휴식시간에는 휴대폰만 보거나 누워서 쉬거나 각자 자신만의 일상을 보내고 있었지요.

올해 5월부터 가족단위로 주말 예술 농장에 참여한 후기를 보면 내 아이인데, 내 아이와 몸을 써서 놀아본 기억이 안 날 정도였는데 지금이라도 할 수 있어 다행이라는 이야기가 있어요. 초등학교 고학년을 자녀로 둔 엄마와 아빠는 지금까지 자녀들과 몸을 부대끼면서 몸으로 표현해 보는 경험이 없었다면서 자기표현을 극 형식으로 말로 하는 것도 좋지만 몸을 활용한 프로그램이 더 많아졌으면 좋겠데요.

가족끼리 마주하고 무언가를 꼼지락거리면서 각자 나름대로 개성 있게 만드는 것을 보면서 새롭고 해보지 않았던 경험들이 이 공간에서 가능하다는 거예요. 연극은 말할 것도 없이 단순히 놀 수 있는 것, 이 공간이 안전하고 편안하면서 어떤 룰 안에서 재미있게 성과도 낼 수 있고 마음에 '이런 느낌이구나.'하고 나와 서로를 볼 수 있는 재미있는 놀이를 할 수 있게 설계된 공간이라는 것과 프로그램을 제공할 수 있다는 것에 보람을 느껴요. 예술농장 2기 분들 중에는 토요일 오전 9시부터 12시까지 예술체험을 하고 도시락을 싸오셔서 예술촌을 감싸고도는 냇가에서 5시까지 아이들과 시간을 보내다 가세요. 부모님들이 아이들과 같은 공간에 머물면서 특별하게 뭔가를 하지 않더라도 얻게 되는 또 다른 특별함은 아이들은 또래에게, 부모님들은 함께 참여한 다른 부모님들이 자기 아이를 대하는 태도 등을 보면서 자신과는 다른 육아 방식을 배우는 계기가 된다는 점이에요. 아이가 발표를 할 때 부모 입장에서는 아이가 잘했으면 좋겠다는 생각에 몇 초도 기다리지 못하고 아이에게 대사라든가를 대신해서 해주려고 해요. 그런데 어떤 부모님은 그 시간을 기다려 주고 목소리가 작아도 귀 기울여 들으려 하시는 모습을 보면서 양육의 방식을 서로 배우게 되신다고 해요. 저희 강사들이 무엇을 준다기 보다 예술놀이 강사들은 그 놀이의 판을 깔아주는 거예요. 예술놀이는 스스로 배워가고 스스로 찾아가고 스스로 깨닫는 시간이라 심각할 필요 없고 진지할 필요가 없고 재미로만도 충분하다는 거예요. 이곳에서는 예술의 장인을 키우는 과정이 아니거든요.

지역의 경계를 벗어난 '포용'

20여 년 넘게 지속적으로 관리, 운영하다 보니 프로그램에 참여하신 분 중에는 옛 자계초등학교 1학년까지 다니다가 폐교가 되면서 다른 곳으로 전학을 갔다가 성인이 되어 방문하신 분들이 계세요. 이제는 엄마가 되어서 아이를 데리고 프로그램 참여하신 분인데 데리고 온 자녀가 딱 1학년이더라고요. 함께 예술 농장에 참여하는 것을 보며 느낌이 뭉클했어요. 이곳에 졸업하신 분들도 가끔 오시는데 학교가 없어지지 않고 예술촌으로 바뀌어

ⓒ자계예술촌

활성화 된 것에 감사하다고 해요. 그런 분들에게도 저희 공연과 프로그램 안내를 하고 있어요.

저는 충북문화재단이나 교육지원센터에 감사하게 생각하고 있는 것이 자계예술촌의 입지와 공간의 특성을 인정을 해 주신 점이에요. 저희가 전국구로 홍보를 하다 보니 충북 영동사람 뿐만 아니라 전북 무주사람이나 다른 지역의 참여가 많거든요. 문화예술은 지자체 예산이 들어갔다고 꼭 그 지역 사람들만 혜택을 누려야 하는 건 아니라고 봐요. 예술은 경계 없이 누구나 누릴 수 있는 거잖아요. 그런 점에서 이번 저희 자계예술촌의 프로그램 수혜자들을 전국구로 열어 두고 포용해 주신 충북문화재단과 교육지원센터에 감사의 마음을 갖고 있어요. 이게 가능했던 것은 저희 사례를 현장에서 보시고 이해를 해주셨기에 가능했다고 봐요. 그래서 저희는 충청북도 내 단체이지만 타지역 분들에게도 그 참여폭을 열어둘 수 있었던 거죠.

이전에 사업방식은 영동지역 대상자를 찾아 우리가 나가지 않으면 안 되는 지역 환경이었지만, 지금과 같이 코로나19로 인해 찾아가는 것이 불가능할 때는 이곳을 지나가시거나 관심 있는 분들이 거주 지역에 상관없이 자계예술촌에서 이뤄지는 공연이나 다양한 프로그램에 참여할 수 있게 개방된 점이 올해 사업의 가장 큰 변화라고 봐요.

박창호 자계예술촌 예술감독

스스로 판단하고 주체적으로 움직이는 힘

인근 초등학교에서 아이들과 연극 수업을 진행하다 보면 가장 많은 질문을 받는 것 중에 하나가 "이거 해도 돼요?"에요. 충분히 스스로 판단하고 결정할 수 있음에도 불구하고 선생님에게 확인하려 하고, 허락이나 양해를 구하는 모습들이지요. 아이들이 자기결정권을 스스로 제한하고 있다고 생각해요. 얼마 전까지만 해도 급식실에서 아이들이 밥을 먹고 나서 담임 선생님께 식판을 들고 가서 다 먹었다는 검사를 받는 모습을 볼 수 있었어요. 아이들에게 편식하지 않는 습관과 음식을 버리지 않는 교육 차원이라고는 하지만, 아이들 마다 싫어하고 좋아하는 것들이 있을텐데 제가 보기에 굉장히 폭력적이라는 느낌을 받았어요. 아이들 개개인의 최소한의 기호조차도 어떻게 해야 한다는 강제 하나하나가 쌓였을 때 아이들에게는 스스로가 자기 생각과 판단을 가지고 해결할 수 있는 것임에도 불구하고 검사와 움직이는 분위기로 만들어지지 않았나 생각이 들더라고요.

연극시간 만큼은 아이들에게 "바른 자세로 똑바로 앉아."라는 강압적인 말투는 많이 조심해요. 특별한 경우가 아니라면 "네가 편안한 대로 앉거나 누워도 상관없어."라고 이야기해요. 모둠별로 이야기하든가 장면을 구성할 때도 그 시간 안에서는 아이들이 편안한 모습으로 자유로웠으면 좋겠어요. 연극에서 이야기하고자 하는 '일상을 닮아 있지만 굉장히 비일상적인 허구의 세계, 상상의 시간과 공간'을 만드는데 보다 자유로운 분위기는 아주 중요한 환경적 요소라고 봐요. 일상을 담고 있다는 것이 전제로 되기는 하나 연극은 일상을 그대로 옮기는 것만은 아니라는 거지요. 우리가 일상에서 "연기하지 마.", "연극하지 마."라는 말을 사용하는데 연극은 일상의 재현이 아닌, 뭔가를 덧대거나 가공되어 꾸며진 허구임을 아는 거지요. 여기서 상상력은 매우 중요해요. 다양한 상상은 무엇인가에 눌리고 압박, 속박, 강제로부터 자유로워질 때 풍부해질 수 있음을 확인하는 것 또한 연극시간이 내게 주는 즐거움이지요. 그래서 아이들과 하는 연극 수업 만큼은 보다 많은 허용이 필요하다고 봐요. 이따금씩 일주일에 고작 한 시간씩 한 번뿐인 연극 수업에서 이런 수업 분위기가 오히려 익숙함 속의 불편한 자극이 되지 않을까 우려도 했어요. 하지만 일주일에 단 한 시간이라도 '숨구멍'이 될 수 있겠다는 허용치, 그 허용 시간이 연극 시간이었으면 좋겠다는 생각이 들었어요. 연극이 아이들에게 왜 필요한가를 생각해보면 현실적으로 아이들을 만났을 때 "연극 시간은 이렇게 저렇게 할 수 있어."라는 다양한 시도가 가급적 제한되지 않는, 그래서 연극 시간이 기다려지고 그 시간 만큼은 자신 본연의 자연스러운 모습이 그대로 드러날 수 있는 시간으로 만들어 주려고 합니다. 연극이라는 것은 어렸을 때 이름도 없이 역할놀이라고 놀았듯이 아주 자연스럽게 접할 수 있었지요.

가까운 자기 주변에서 경험하고 보았던 인물들을 자신이 역할을 해 보는 놀이가 연극을 배워서 했던 게 아니었거든요. 그렇게 자연스럽게 시간 가는 줄도 모르고 해왔던 놀이가 연극수업이라고 해서 어떤 이입을 제시하거나 강제하게 되면 오히려 '아이들이 하던 것도 못하게 하겠다.'란 생각이 들었지요. 자기 스스로가 움츠려 들고 잘 했던 것도 불편하게 눈치를 보게 되는 게 연극이 되면 안 되겠다는 거였지요. 물론 연극이 수업의 일환이고 정보와 지식이라든가 새로운 것을 알아가는 과정도 중요하지만 내가 잘했던 것들, 내가 하고 싶었던 것들로부터 한 단계씩 이끌어 가는 안내자 역할이 중요하고 봐요. 연극시간은 놀이다. 재미있는 놀이에서 출발할 때 되고 아이들은 시간 가는지 모르고 수업에 집중하게 되지요. 아이들이 집중한다는 것은 내가 그들에게 무언가를 해야 된다는 틀을 제시했을 때 보다도 자발적인 분위기가 한 몫을 하지요. 자발적인 것에는 무언가 하라는 것에 대한 거부 반응과 반발을 기본적으로 보이게 되는데 이를 받아드리는 안내자의 태도도 무척 중요하지요. 아이들에게 예술교육을 하면서 무엇을 하고 싶고 무엇을 할 때 재미있어 하는지가 무시되면 안 돼요. 현실적으로 경우마다 약간은 다르지만 놀이라는 것을 싫어하는 아이들은 없어요. 활동성에 많은 에너지를 가진 아이들에게 이 시간 만큼은 가장 재미있어 하는몸을 통한 놀이를 가능한 많이 하려고 해요. 연극은 몸 놀이, 몸 표현, 신체의 움직임부터 접근하는 것이 맞다고 생각합니다.

연극은 혼자 하지 못해요. 처음 만남에서 어떤 아이는 자기 이름을 부르면 대답도 못 하는 친구들도 있어요.

아주 간단한 것이긴 하지만 다른 사람 앞에서 자기 자신을 표현하는 것을 두려워하거나 서투른 아이들이지요. 이런 아이들은 남 앞에서 뭔가를 하는 것에 있어서 더 많은 용기가 필요해 보여요. 연극 수업은 아주 간단한 대답을 주고받는 것부터 시작해서 내가 해볼 수 있는 영역과 기회를 자극함으로써 작은 용기를 만들어 주는 경험을 주고받기도 해요. 이런 작은 용기들이 모여서 수업이 종료될 즈음, 공연 무대에서 주어진 자기 역할을 수줍게 아주 간단한 것이긴 하지만 다른사람 앞에서 자기자신을 표현하는 것을 두려워 하거나 서툴은 아이들이지요. 이런 아이들은 남 앞에서 뭔가를 하는 것에 있어서 더 많은 용기가 필요해 보여요. 연극수업은

©자계예술촌

아주 간단한 대답을 주고받는 것부터 시작해서 내가 해볼 수 있는 영역과 기회를 자극함으로써 작은 용기를 만들어 주는 경험을 주고받기도 해요. 이런 작은 용기들이 모여서 수업이 종료될 즈음, 공연무대에서 주어진 자기 역할을 수줍게 해내는 모습을 볼 수 있음은 연극수업이 가져다주는 커다란 행복이지요.

지역을 알고·읽고·품다

장생포 아트스테이

심영보 울산남구문화원사무국장

쇠퇴 마을 문화로 되살리기

장생포는 예부터 고래를 잡던 곳이였어요. 1962년 2월에 울산이 공업지구로 지정이 되면서 외부에서 근로자들이 밀려오고 1980년대까지 한동안 이 일대가 번화가였어요. 그러다 1986년 국제포경위원회(IWC)에서 고래 포경 금지로 이 일대 고래를 잡던 사람들 다수가 정책에 의해 밀려 다른 생업을 찾아 외부로 빠져나가기 시작했어요.

장생포 아트스테이 이 건물은 원래 장생포 여인숙이였어요. 장생포 여인숙은 1970년대에 건물이 지어졌는데 고래 포경업이 성황을 이룰 때는 고깃배 선원들 숙소로 사용되었다가 포경업이 중단된 이후에는 주변 공단에서 경비하시는 분들이 묵거나 선박 어선 사람들이 사용하다가 개인이 사들여서 10년 전까지 살았었는데 이후 폐가로 방치되어 있었어요.

이 동네에 공업단지가 들어서고 마을은 쇠퇴되다 보니 1990년대 되어서야 장생포에 박물관도 지어야 된다. 관광지로 만들어야 한다는 이야기가

ⓒ장생포아트스테이_창작자 네트워크

조금씩 나오면서 2000년대 박물관이 생기기 시작하고 노력을 한 결과 윗
마을도 관광화를 시작한 거죠. 문화로 마을 만들기 조성을 위해 2008년도
인가 한국문화원연합회에 향토자원을 가지고 문화예술 프로그램을 하는
사업이 있었어요. 장생포 초등생이 2천 명 정도가 되었던 학교가 50명으로
줄어든 상태에서 4, 5, 6학년들을 모아서 향토 연구하시는 분들과 같이 이
지역의 마을 지도를 만들기 시작했어요. 지역 향토사 책에 나와 있는 것이
야 많지만 실제 살고 계신 사람들의 이야기가 안 담겨 있으니까 골목골목
다니면서 예전에는 뭐가 있었고 지금 거주하시는 분들이 언제 이주해서
언제부터 장사를 해오셨는지 학생들과 같이 마을조사를 하면서 여기가 참
재미있는 마을이라는 걸 알게 된 거죠.

많은 가구 수는 아니지만 뒷골목이 예전 진짜 골목인데 다른 지역 달동네 보다 더 오래된 사연이 담긴 곳이에요. 여기가.

거점 공간으로 재단장

2015년에 문화마을 조성 공모사업으로 이 곳에 거점을 여러 곳을 잡았었죠. 공간을 잡으려고 보니 원래 창고로 쓰던 공간이었는데 너무 낡고 무너지는 공간이라 새뜰 마을사업에서 매입을 해서 다시 3층짜리 건물을 신축해서 지금은 마을 주민분들의 교육 공간인 문화마당 새미골이 된 거에요. 그 당시 여기 여인숙은 포인트로 하나가 남아있었는데 귀곡산장이라고 불릴 정도로 쓰레기가 처마 밑까지 쌓여 있었지만 당시에 지대가 제일 높은 집으로 바다가 다 보이는 곳이었어요. 골목길 안이기는 하지만 바닷가에서는 넓은 터를 가지고 있어서 이 장소가 의미가 있다고 생각했거든요. 바로 아래 15년 정도 방치되어 있던 옛 동사무소 건물도 고래 축제 때 사용하고 남은 잡동사니들이 가득 찬 상태였어요.

최근에 문을 연 <장생포 문화창고>도 50년 된 건물인데 원래 냉동창고로 쓰다가 홍게라든가 시내 수산시장으로 가는 해산물을 보관하는 창고로 활용된 공간이었다가 이 후 방치가 되었었어요. 용도 폐기가 되고 빈 공간이었지만 문화마을 조성 사업으로는 이런 거대한 건물을 살 수도 없고 얻지를 못했어요. 그래서 주민들에게는 새미골하고 동사무소 131하고 계획을 하고 그 안에 새뜰 마을사업을 하고 있어서 마을에 환경개선으로 노후된 건물을 매입을 해주면 고치겠다고 했어요.

공간마다 활용도 약간씩 다른데 여인숙이었던 이곳 <장생포 아트 스테이> 2층에는 개개인별 공간이 작아서 문학이나 사진 촬영하시는 예술인들이 들어와 있고, 아래 동사무소를 활용한 <창작스튜디오 장생포고래로131>는 회화나 입체 예술을 하시는 작가님들이 입주해 있고 <신화예술인촌>에는 울산지역의 예술인들이 활동하고 있어요.

울산은 다른 지역에 비해 조금 늦게 이런 개선 사업을 진행을 했고 남구는 운이 좋아서 이 마을에 축제를 어떻게 이끌고 갈 것인가 고민하는데 그사이 문화재단이 생긴 거예요. 그래서 문화재단에 기대를 하고 있었는데 당시에는 문화재단이 막 생길 때여서 축제 중심으로 운영을 하다 보니 문화원 쪽에서 문화 사업을 지원받아 진행해야겠다는 생각이 들더라고요. 고래 축제 추진위원회가 구청에 별관 사무실에서 운영하다가 지자체에서 축제를 키우기 시작하면서 사무공간 확보와 도시개발 지역 개발하는 단체들이 공간의 활용이 증가하면서 이 마을에도 유휴공간들이 부족해지더라고요.

마을을 다시 기록하고 발견하기

문화마을 조성사업으로 첫해에 새미골에 사무실을 설치하고 마을을 찾아다니며 사는 모습들을 기록화하는 작업과 수요조사를 2년간 했어요. 주민분들은 70세대, 나이는 80대 노인분들이신데 한글 공부, 풍물, 휴대폰 보는 법 등을 알려 달라는 의견이 있었어요. 손자들이 문자를 주면 읽지도 못하지만 전화기를 열 줄도 모르시고 저장된 번호만 통화하시는 거예요.

처음에는 작가들을 모아서 주민들의 지나온 삶을 기록하려고 했던 취지가 실제 이야기가 담기지 않고 방향이 어긋나서 다시 대구에 인문 사회연구소에서 마을 기록하기 위한 준비를 요청했어요. 마을기록 준비에 이 거점에 필요한 사람이 누구인지부터 찾고 찾아진 사람들을 시간이 날 때마다 만나 뵙고 이야기를 나눴어요. 겉으로 보기에는 책 한 권이 나오는 것 같지만, 진행 과정에 변수가 많아 굉장히 힘들었어요. 각종 언론이나 작가 개개인이 와서 이미 많이 사진도 찍고 인터뷰도 해보신 분들이라서 새로운 것을 꺼낼 수 있는 것도 아니었어요. 웬만큼은 알고 있는 상황인데 할머니들도 해주고 싶은 이야기만 이야기하고 마는 거예요. 정말 재미있는 이야기나 삶이 남에게 드러나기 싫은 이야기는 안 하려고 하시니 과정에 시간도 걸리고 어려운 점이 많았어요.

<장생포 아트 스테이> 계획을 쓸 때 사람들이 머물 수 있는 공간과 레지던시를 계획을 하고 있었어요. 시에 몇 년간 요청을 해서 2008년도인가 당시 울산에는 없었던 레지던시 사업을 울산광역시 남구문화원에서 했었어요. 낡고 페인트 벽도 벗겨지는 것을 일일이 벗겨내고 다시 칠해서 못쓰던 공간을 다 고쳐서 작가 몇 명들과 레지던시 사업을 했었는데 8월부터 시작이 되니까 모든 게 다 늦은 상황이었어요. 12월까지 준비하면서 우선 레지던시 작가 3명이 입주해서 창작 작업을 했었어요.

처음에 이곳도 엄두를 못 내다가 마을공방 육성사업을 지원받아서 목공 공방을 만들고 공방이 생기다 보니 목공 기자재를 살 수가 있었고 공간의

여인숙은 작가들의 창작공간으로

옥상은 시민들의 문화공간으로

구조를 짤 수 있는 제반이 마련이 되는 거예요. 새뜰마을 사업에서는 취약 공간을 문화공간으로 진화 시킬 수 있었어요. 국비와 구비가 동시에 들어가는 거죠.

문화원에서 거점 조성하기

다년간 문화 사업에 지원을 받아서 문화원에서 위탁 운영하는 곳이 레지던시와 예술교육을 진행하고 있는 <장생포 아트스테이> 장생포 문화마을 조성 사업의 일환으로 <문화마당 새미골>, 전시실과 레지던시, 마을 할머니들이 운영하시는 고래 카페가 있는 <창작스튜디오 장생포고래로131>, 벽화마을인 <신화예술인촌>, <꾸러기 놀이터> 등 입니다. 아이디어는 기획자나 예술인에게 나오지만 실제 행정지원 없이 불가능해요. 제가 남구에서 20년 동안 활동하면서 거점 만드는 과정의 시간이 가장 굉장히 바쁘게 흘러갔어요. 그중 사람들에게 사업 수행에 대한 이해를 시키는데 가장 많은 시간이 흘렀고 위탁사업이라고 하지만 문화원에서 바로 위탁받은 게 아니고 우리가 응모를 구청을 통해서 진행해야 하기 때문에 다년간 신뢰도가 쌓여야 됩니다.

사업 초창기에는 좋은 아이디어가 필요하다고 생각했어요. 예산안에서 해결을 하려면 미친 듯이 달려야 했고 계획을 하고 그와 관련된 사람들을 전부 섭외하러 다녀야 했기 때문이었어요. 사실 아이디어보다 더 중요한 건 재원이에요. 실제로 예술인들을 위한 활동과 프로그램, 문화 거점을 운영할 때 어떤 것에 지역에 혜택이 되는지 관과의 구조와 인식에 대한 공유를 지속적으로 해야 해요. 지역 안에서 문화 활동을 하는 사람들이 전부 지역 예술인들만 포용해서는 안 되고, 다른 지역에서 활동하는 예술가들과 섞이고 흘러가야 문화가 발전됩니다.

지역에 새로운 공간이 생기면 이해관계에서 오는 다툼이 아니라 서로 도와야 그 안에 콘텐츠도 구성되고 운영이 됩니다. 마을에 들어와서 주민들

공간을 계획하고 만들고 꾸미고 참여하는 과정

과 협업으로 진행을 하는 경우 참여와 비참여에서 오는 갈등에서 공정하게 진행하라고 갈등도 생기고요. 한편으로 이해는 가지만 이해가 어려운 부분도 있기 때문에 지금은 이해되실 때까지 과정을 보여드리면서 기다리고 있습니다. 벽화작업 보수작업도 진행해야 하고 관리 부분에서 꾸준히 준비하고 계획하고 있습니다.

전국에 다녀보면 새로 조성된 공간이 비슷해요. 창고 공간이 화제가 되면 창고를 개조하고 폐교가 화제가 되면 폐교를 예술 전용 공간으로 만들고 몇 년 사이 비슷비슷해요. 지역 안에서 이야기를 발굴하면 그 안에서 지역이 무엇을 필요로 하는지 답이 있거든요. 주민분들이나 방문객분들에게 이곳에 필요한 것이 뭐가 있는지 계속해서 묻기도 해야 됩니다. 새로운 아이디어도 주시거든요. 적어도 이 공간에 사람들이 찾아 왔을 때 십 분 이상을 머무를 수 있는 것에 대한 고민, 그 고민 안에서 공간이 발전하는 거예요.

즐거움을 공유하는 공간

이곳은 옛 고래잡이를 했던 마을이라 고래 박물관도 생기고 울산 항구에서 배를 타고 고래들이 헤엄치는 관광 상품, 옛 마을 등은 새로 조성된 것들이에요. 지역의 경제의 흐름을 위한 요금제 코스인데 굳이 요금을 주고 간다기 보다 이 마을에 사람 사는 모습들을 보러 온다고 생각하거든요. 우리가 서울을 간다고 하면 서울의 랜드마크를 가보고는 싶지만 한 번 갔다 오면 자주 가려고 하지는 않잖아요. 자연스럽게 관광하는 문화를 만드는 것이 아니라 경치 좋은 곳에 그냥 놔두어도 좋은 곳에 온갖 관광 상품들을 조성해서 주위를 복잡하게 만들고 경관을 해치는 있는 곳들이 많아요. 초기에는 관광객들이 많이 몰릴 수 있지만 시간이 지나면 수요가 줄어들어요.

이 공간이 준비 완성도 안 되어있고 체계적으로 운영할 수 있는 인적자원과 시스템 구비가 안 된 상태에서 방문해서 지적을 하는 거예요. 처음에 북적거리지 않는다부터 시작해서 공간에 미비한 점들을 오는 사람들마다 지적하고 갔어요. 운영을 준비하는 입장에서는 그러한 태도들을 감당할 수 없다는 거예요. 지금은 누가 언제든지 지나다가 들러서 쉬고 갈 수 있는 공간이 되었어요. 누가 만들고 누가 운영하느냐는 방문객들에게 중요한 것이 아니에요. 그래서 여기 직원들도 오시는 분들이 무엇이 필요한가만 알면 되는 거예요. 못하는 것은 못 해주는 이유만 알고 있으면 되고 해 줄 수 있는 것은 도와주면 되는 것이고, 저는 제 위주로 운영하려고 하는데 내가 즐거워야 다른 사람들에게도 이 즐거움을 공유해 줄 수 있거든요. 방문하시는 분들이 오셔서 쉬어가시고 프로그램도 누리고 갔으면 합니다.

이지연 아트스테이 기획담당

프로그램과 공간운영

아무래도 장생포는 인구가 고령화되어 있고, 공간 자체가 마을 안쪽에 위치해 있기 때문에 큰 소음이 발생하는 행사는 조심스러워요. 공간의 특성에 맞게 인문학 강연이라든지, 소규모의 아카데미 위주로 프로그램을 운영하고 있어요. 레지던스는 옛 여인숙 건물의 조그마한 방의 특성에 맞춰 책상만 있어도 작업이 가능한 문학 기반의 작가님들이 입주해 활동하고 있어요. 시간이 가면 갈수록 공간에 색깔이 덧입혀지는 것 같아요. 그러다 보니 시민분들의 발길이 계속 이어지고, 밤늦게까지 환하게 불이 켜져 있으니까 처음에는 관심이 없으시다가 아이들을 데리고 구경하러 오기 시작했습니다.

<장생포 아트스테이>에 가면 늘 문화예술 프로그램이 진행된다는 인식이 조금 생긴 것 같아요. 방문해주신 분들이 이곳과 함께한 추억을 주변에 확산시켜주시면서 더욱 많은 발걸음이 생긴 것 같아요. 처음에는 주민분들을 위한 단발적인 프로그램을 했었는데, 단발성이 아닌 상시적으로 진행할 수 있는 프로그램을 개발하자고 해서 매주 일요일 마다 목공예 교육과 어린이 예술교육을 하게 되었어요. 꾸준히 하다 보니 SNS에 프로그램 공고를 올리면 빠르게 예약이 마감돼요. 처음에는 주 1회였던 프로그램이 수요가 많아지다 보니 주 2회 프로그램으로 회차가 늘어나고, 프로그램 종목이

다양해지고 있습니다. 찾아오시는 분들의 수요에 맞게 조금씩 변화를 주고 있어요. 인문학 강연 같은 경우에는 직장인분들도 참여하실 수 있게 금요일 저녁 시간 이후 진행을 하고 있어요. 외에도 시민분들이 편히 즐길 수 있는 옥상캠핑, 영화를 볼 수 있는 옥상극장 프로그램도 운영하고 있고요. 동아리 모임이나 마당에서는 청년 기획자들이 모여서 자체 세미나 혹은 모임을 진행할 수 있게 대관도 해드리고 있습니다.

장생포에 위치했다고 해서 인근 주민분들만 오시는 것이 아니라 울산이나 부산, 각지에서 SNS를 통해 정보를 보고 찾아오세요. 자세한 정보들은 울산 남구문화예술창작촌 홈페이지를 통해서 확인하실 수 있어요. 울산 남구문화예술창작촌은 장생포 아트스테이, 장생포 고래로 131갤러리, 문화마당 새미골, 신화 예술촌, 장생포 문화창고를 통틀어 지칭하고요. 홈페이지에 들어오시면 저희 거점들이 하고 있는 각 프로그램들의 안내를 볼 수 있어요.

생각을 나누고 협업하는 공간

다른 지역에서 활동을 하고 다시 고향으로 돌아왔는데 어떻게 문화 분야에서 시작해야 될지 막막했어요. 그때 마침 울산문화재단에서 지역문화전문인력 양성 과정 프로그램을 모집하고 있어서 교육을 받게 되었고, 그 과정을 통해 울산 내 문화예술 분야로 입문 기회가 생겼어요. 그때 마침 아트스테이라는 공간이 막 생겨나서 좋은 기회로 남구 문화원으로 입사할 수 있게 되었어요. 저도 울산에서 태어나 자랐어도 장생포라는 곳을 온 적이 없었었는데 저 뿐만 아니라 대다수의 울산 시민분들이 장생포라는 곳을 처음 와 봤다는 이야기를 많이 하세요. 처음에 이 마을에 와서 아트 스테이라는 공간이 주는 매력이 크다 보니까'여기서 무엇을 하더라도 재미가 있겠다.'라는 생각을 했어요. 이 마을은 옛 흔적들이 고스란히 남아 있어서 그런지 오시는 분들도"이곳에 있으면 시간이 천천히 흐르는 것 같다."라

면사무소를 재단장한 131 공간은 레지던시·전시실·카페로 운영

고 말씀을 해주세요. 시민분들의 반응과 주변 환경, 그리고 문학 레지던스라는 특별함이 있으니 이 공간만큼은 인위적이지 않고 소박한 프로그램을 기획해야겠다 생각했어요. 그래서 문학 관련 프로그램들을 최근에는 더욱 많이 기획하게 되었습니다. 여기에 입주해계신 작가분들도 새로운 것에 도전하고 다양한 경험을 하고 싶어 하시기 때문에 이 공간에서 기획된 인문학 강연, 옥상 극장, 기획자 워크숍이 있을 때에도 다른 사람들의 이야기를 듣고 어떤 생각을 하고 있는지 적극 참여해 주고 계세요. 아트 스테이는 문학 기반 작가님들 레지던스고 아래 131공간은 시각예술 기반 작가님들이세요. 분야는 다르지만 작가님들의 협업으로 새로운 융합 작품을 창작해서 전시도 했었어요. 각자의 작업 스타일을 벗어나 새로운 것을 해보니 서로

에게 좋은 영향을 받게 된 것 같아요. 남구문화원은 다른 곳과는 다르게 젊은 청년들이 많이 참여를 하고 있어요. 아무래도 사무국장님께서 청년예술 문화에 관심을 가지고 육성하고 멘토가 되어 기회를 주시려고 하시니까 청년들에게 기회가 주어지고, 조금 더 생기있게 공간 운영이 이어 나갈 수 있는 것 같아요.

지역에 창작들이 대부분 활동할 곳이 없고 기회가 없다 보니 외지로 떠나는 경우가 많아요. 저 또한 서울로 나갔다 다시 돌아온 케이스이거든요. 지역에 이러한 예술 문화 거점이 있으면 젊은 예술작가들과 기획자들이 활동할 수 있는 기회를 얻게 되고, 시간이 지나면 자리 잡고 정주할 수 있는 것 같아요. 작가님들도 집에서 혼자 창작활동을 해도 되지만 이러한 거점에서 다른 분야의 작가와 사람들을 만나서 생각을 공유하고 협업하면 서로 좋은 영향을 받아 창작활동이 더 업그레이드되는 부분이 분명히 있는 것 같아요. 기획자 워크숍 같은 경우에도 네크워크 자리가 없었기 때문에 지역 안에서 활동하는 주변의 예술가들이 어디에서 무엇을 하고 있는지 모르는 상태인 거예요. 그래서 저희가 그 공간을 열어두고 기획자 워크숍을 통해서 그분들이 모여서 공유할 수 있는 장을 제공하는 거죠.

서로의 활동에 관심을 가지고 협업이 돼야 더 큰 프로젝트가 만들어지는 것 같아요. 이런 거점이 있으면 콘텐츠의 필요에 의해 사람들은 거리가 있더라도 찾아오세요. 사람들이 궁금해하는 것은 이미 장생포가 고래 이야기로 기반을 다져왔기 때문에 이제는 지역 이야기보다는 참여자들의 수요에 따라 좋아하는 작가의 강연이나 좋아하는 영화를 보는 것, 새로운 정보를 주는 것 등 수요자분들의'유익한 시간'을 만들려고 하고 있어요. 이러한 프로그램들로 사람들을 다시금 장생포를 방문하게 하고, 오신 분들께서 자연스럽게 마을을 둘러보고 알고 가시는 것이 중요하다고 생각합니다.

부모참여로 만드는 자연 놀이터

장흥 용산마을학교

조옥희 마을활동가

아이는 자연에서 뛰어다니며 자라야 된다는 로망이 있어서 잘 키울 수 있는 곳을 찾아다니다가 산·바다·강 그리고 친구들이 있어서 장흥으로 이사를 온 지 5년 되었어요. 제가 자랄 때처럼 이곳에 오면 들판으로 아이들이 뛰어다닐 줄 알았어요. 그런데 막상 와보니 생각보다 사람들도 별로 없고 또래 아이들을 만나기 위해서 차를 타고 옆 동네로 이동을 해야 하고 아이들이 누구네 집에 가서 "누구야 놀자."라고 하는 건 제가 어렸을 때뿐 이었던 거죠. 아이가 친구네 집에 가서 노는 것도 그 집에 계신 부모에게는 부담스럽고 반기지 않는 분위기가 생기고 요즘에는 집안에 커다란 TV라든가 컴퓨터같이 문화를 즐길 수 있는 것이 개인 사유화가 되었잖아요. 그런데 저는 아이에게 "혼자서 TV 봐.", "휴대폰으로 영화 봐."라고 하고 싶지 않았어요. TV만 보던 아이가 또래 친구들을 만나면 TV 보는 건 잊어버려요. '아이에게 필요한 건 친구들과 만남이구나.'라는 생각이 들면서 처음에 2-3년 동안에는 아이들을 계속 우리 집으로 데리고 오거나 인근 숲에서 노는 생활을 했었어요. 제 차가 트럭인데 트레일러에 아이들을 태우고 집에

장흥군 용산면 용인4길 용산마실장 202호

서 큰 길로 나가지 않는 동네 사잇 길로 숲이나 계곡으로 데리고 다녔어요. 계절마다 아이들하고 저희 집 방에서 아이들 여섯이 옹기종기 모여서 명심보감을 읽고 쓰기를 했었는데 아이들이 과정을 굉장히 힘들어해서 너희들 이거 하면 30분 동안 밖에 나가서 "산딸기 따먹으러 가자.", "가재 잡으러 가자."라는 미끼를 던지면서 했었거든요. 아이들은 밖으로 나가자는 것에 참고 해나가면서 결국에 산딸기를 따 먹는 거죠. 산딸기 따 먹으러 가는 길이 쉬운 길은 아니었어요. 저수지 둑길을 지나서 한 시간 정도 되는 코스에요. 산딸기들이 한군데 모여 있지 않고 여기에 조금, 저기에 조금 이렇게 열리니까 한 시간 동안 여기저기 다니면서 발견하는 재미로 따먹는데 아이들은 그게 그렇게 재미있었나 봐요.

그런데 아이들이 커가면서 우리 집은 비좁게 느껴지고 어느 순간 한계가 오더라고요. 그래서 잠시라도 내가 안 봐도 되고 아이도 친구들을 만날 수 있는 시간이니까 마을에 <마을학교>가 있어서 참여해 보았는데 교육적인 프로그램 운영이 주된 목적이더라고요. 한두 번 갔는데 원칙적으로 움직여야 하는 프로그램이어서 아이도 흥미 없어하고 "우리 이러지 말고 산에 가서 열매 따 먹으러 가자", "엄마 우리는 그냥 가재 잡으러 가면 안 돼?"이러더라고요.

지역 실정에 맞는 프로그램 개발

이후 <마을학교>에는 학부모 일손 돕기처럼 참여했었는데 옆에서 보니 예산이라는 거는 결국 사무적인 행정을 봐야 하잖아요. 종이 문서의 복잡한 절차를 줄일 수 있는 <섬 체험 패키지 프로그램> 이야기가 나왔어요.

방학은 한 달인데 바닷가가 있는 지역에서 섬 체험으로 2박 3일 프로그램으로 끝내기는 아까운 기회였고 강사초빙은 하고 싶지 않았어요. 체험 프로그램을 계획하면서 도시에서는 이런 프로그램들을 선호한다는 거예요. 그런데 여기 부모들은 일한다고 바다에 나가 있는데 두 시간 프로그램을 위해 아이들을 데려다주고 데리고 오는 환경이 안 되는 거죠. 다른 지역에서는 가능하지만 이 지역 생활 실정이 맞지 않는 프로그램이었어요. 주어진 예산이 있는데 '이 예산으로 놀 수 있는 방법은 없을까?'라는 생각이 들더라고요.

당시 방학기간이라 동네에 수영장 모양만 만들어 놓고 수년간 사용하지 않은 곳이 있어서 학부모 몇 명과 "우리가 필요한 걸 하자." 여기를 청소해서 수영장을 만들고 여름방학 동안 여기에 수영장을 열자는 의견이 모아진 거예요. 동네에서 수영장을 가려면 차를 타고 30-40분을 나가야 하거든요. 2박 3일 체험 프로그램으로 큰돈을 소진하기보다 수영장을 재단장해서 한 달 동안 아이들이 놀 수 있게 쓸 수 예산을 달라고 한 거죠.

직장인 부모의 아이라든가 차가 없어 움직이지 못하는 아이들이 있는데 그 아이들을 데리고 트럭 트레일러에 태워서 수영장에 데리다 주기도 했고요. 수영장이 만들어진다고 하니까 아이들은 신나서 이불을 펴 놓고 그 위에서 헤엄치는 연습을 하는 거예요.

저는 당시만 해도 예산 결산을 어떻게 하는지도 모르는 수학 포기자였는데 학부모들이 움직인다고 하니까 마을학교에서는 예산집행도 저희에게 일임하셨어요. 저는 막막해져서 동네 초등학교로 찾아가 교장·교감선생님 앞에서 "저는 이 예산을 이렇게 쓰는 것이 아쉬우니 힘이 들더라도 이 돈

재활용품을 이용한 작품이 공간 곳곳에

으로 아이들 밥도 할 수 있고 청소도 하고 한 달 동안 잘 쓸 수 있을 것 같습니다. 그런데 예산 결산이라든가 이런 과정이 절차를 아예 못하고 컴퓨터도 못하고 우리 집엔 컴퓨터도 아예 없으니 학교에서 도와주세요."라고 부탁을 했어요. 제 간절함이 전달이 되었는지 행정실장님을 부르시더니 세 분이서 기꺼이 도와주겠다고 "이건 우리한테 일도 아니여."라고 하시면서 대신 허투루 쓰지 않는다는 것을 보여 달라고 하셨어요.

학부모들이 참여를 하면서 아이들이 방학기간에 오전 열시부터 오후 다섯시까지 놀 수 있는 환경을 만들고 밥도 장을 봐다가 아이들하고 같이 불을 때서 밥을 만들어 먹었어요. 그러니까 마을 주민분들이 지나가면서 불은 이렇게 떼는 것이여 하면서 저희 활동을 관심 있게 봐주시고 역량 있는 분들이 참여를 하시면서 같이 운영해 나가고 있는 거죠. 그분들 덕분에 한 번 예산을 잘 쓰고 나니 그 이후부터는 자신감이 붙더라고요. 이후 그분들이 퇴직하고 다른 곳으로 발령을 가셔서 그 이후에는 예산관리를 잘 하시는 분들을 찾아다니면서 부탁을 했어요.

생각과 방법의 확장

프로그램은 매번 달랐어요. 계절에 맞게 지금 상황에 맞는 프로그램을 했어요. 저도 시골에서 자랐기 때문에 해야 할 것들이 눈에 보이거든요. 공놀이를 하자고 해서 공만 던져주면 아이들은 공놀이만 했어요.
그래서 벌판에 아이들을 모아놓고 "우리 놀자!"라고 하면 아이들은 "우리 뭐하고 놀아요?"처음에는 이런 반응들이에요. 그런데 그 시간 안에 결국은 자기들이 놀 거리를 발견하고 찾아서 놀고 있어요. 아이가 놀다가 뭔가 자연물 하나를 주워 와서 "이거 너무 예쁘지 않아요?"라고 했을 때 다른 사람들은 동의할 수는 없어도 그 아이 눈에 예쁘다고 생각을 하면 그게 아름다운 거잖아요. 자신의 시선에 아름다운 미적 기준에 다른 아이들이 "그게 뭐야. 아무것도 아니야."라고 해도 그걸 소중히 하고 자기 주머니에 넣어 다시 꺼내 볼 수 있을 만큼 강해지길 원해요. 나중에는 자기 주머니에 넣었던 것을 기억을 못 할 수도 있지만 '다른 아이들은 안 예쁘다고 해도 나에게는 가장 예쁘고 소중한 거였어. 다른 아이들은 싫다고 했지만 나는 그게 좋았어.'라는 소신을 가졌으면 해요. 안 예쁘다고 해서 그 분위기에 휩쓸려서 "그래?"하고 버리면 그 순간에 자신이 바라본 느낌을 기억 못 할 거예요. 다른 아이들이 무언 가를 하는 동안 자신이 발견한 아름다운 것을 보는 자신만의 세계관이 서게 되는 순간이잖아요. 아이들에게 그런 순간을 잊지 말라고 하고 싶고 그렇게 키우고 싶더라고요. 어딘가에 다른 사람이 이쁘다고 하는 것을 봐야 하고 다른 사람들이 좋다는 것을 쫓아가야 하고 하는 것이 아니라는 거죠. 우리는 예술적인 개념으로 접근하는 것이 아닌 자신이 바라보고 느끼고 감성의 세계관을 만들어 나갈 수 있는 경험을 하는 거예요.

따로 계획된 프로그램이 있으면 안 되었었어요. 계획된 프로그램은 아이들하고 집중할 수 있는 시간은 20분 정도 더라고요. 필요하다면 큰 맥락에서 기후 위기라든가 사회활동 관련된 것들은 계획을 통해서 해야 하지만 대부분의 프로그램은 계절과 날씨에 맞게 그때그때 나가면 보이는 것을 가지고 놀면 그게 몇 시간씩 운영이 되는 거예요. 가을에 나가면 넝쿨이 보이면 넝쿨 하나 가지고 가다가 줄넘기도 하고 꼬아서 머리 화관 만들다가 리스도 만들고 사물 하나로 아이들마다 수십 개의 형태와 용도가 나오는 거예요. 처음에 나뭇가지 꺾으면 남자아이들은 칼싸움 밖에 안 하는데 나뭇

환경에 대한 인식과 나눔을 마주하는 일상에서

가지에 솔방을 하나 걸어주면 그게 낚싯대 놀이도 되었다가 낙엽으로 장식하면 가렌더가 되는 거예요. 돌멩이를 가지고 던지기 놀이를 하면 돌멩이에 그림도 그려보자고 해서 나중에는 용산 마실장 장터에서 팔아보기도 했어요. 그냥 흔해서 발에 채지는 돌멩이가 아니라 그것을 어떻게 보고 어떻게 쓰이느냐에 따라서 달라질 수 있다는 것을, 돌 위에 이끼를 얹어서 물을 주고 다음에 만날 때 그 위에 이끼가 살아있는지 확인하자는 방식으로 하니까 할 수 있는 것들이 너무나도 많았어요. 그러다 보니 아이들도 열다섯 명으로 모이더라고요. 주도적으로 누군가 한 사람이 끌고 계속해야 하는 것은 고마운 것도 한계가 있고 미안한 것도 한계가 있어요. 자주 가면 부담스러워할 까봐 안 보내거든요. 마을에 이런 활동의 거점이 있으면 서로의 부담이 덜어질 수 있죠. 그전에는 거점이라는 곳이 없어서 아이들하고 운동장에서 만나서 가고 저수지에서 만나고 그랬거든요. 다목적 회관이라던가 마을에 조금이라고 비어있는 공간을 잠깐씩 빌려서 했죠. 아이들하고 놀고 난 뒤 용품들 을 놓을 공간도 없어서 제 트럭에 싣고 다니다가 비가 오면 저희 집 창고에보관해 오고 그랬거든요. 그때 아이들과의 공간이 너무 필요했었어요.

장터에 아이들 문화공유 거점마련

지금 이 공간은 이 마을에서 10년 정도 진행된 프리마켓 형태의 마실장이라는 상인회 공간이에요. 프리마켓이 점점 활성화되고 다른 지역에서 벤치마킹으로 오게 되니까 면, 군에서 이 공간이 필요성을 느끼고 짓게 된 거거든요. 저는 마실장에서 장꾼이었어요. 이 공간을 설계했을 때 장꾼으로 참여하면서 아이들이 모일 수 있는 공유 공간을 제안했어요. "아이들이 모일 수 있는 곳에 어른들이 모이고 어른들이 모이는 곳에 시장의 경제도 흐르는 거고 상인들이 마켓을 운영하면서 아이를 맡길 수 있는 공간이 필요한 겁니다."라고 주장해서 상인회 실을 만들어 확보를 하게 된 거죠. 장은 월

마다 열려서 그동안은 쉬는 공간이었거든요. 지금 이 공간은 넓고 트여서 카페를 하면 좋겠다는 의견이 있어서 공간을 포기를 했다가 코로나19로 갖고는 싶으나 부담이 되는 공간 같은 흐름이 되어 버려서 제가 '문화장사'를 하겠다고 덥석 잡았죠.

문화 자체를 각 개인의 집에서 자기가 고른 음악과, 책을 누릴 수 있게끔 시스템을 만들어 오고는 있었지만 이를 공유할 수 있는 것 들은 그다지 많지가 않았죠. 공유에 대한 헛꿈을 꾸고 있는 건 아닌가 생각이 들더라고요. 아이들이 또래 친구들과 함께 어울려 모이고 놀 공간이 별로 없어요. 아이들은 집에서 하는 공부는 싫지만 아이들하고 이곳에 모여서 하다 보면 너무 좋데요. 집이나 사유공간이 아닌 마을학교라는 거점이 생기기 때문에 부담을 안 가지고 언제든지 자주 모일 수 있는 거죠.

마음을 이어나가는 어려움

저는 예술가는 아니지만 아름다운 것이 뭔지는 알거든요. 그런데 우리가 아름답다는 것은 시시하고 값어치 없고 예술가들이 예술적이라고 하는 것은 굉장히 값어치가 있고 그 단계를 넘보기 보다 '우리 주변에 있는 아름다운 것을 예술이라고 생각하자.'라는 개념으로 보면 훨씬 폭넓고 쉽게 다가가요.

아이들이나 부모들이 시간이 지나면서 같은 생각으로 지속되어 할 줄 알았는데 교육관이 다르고 생활패턴이 달라서 같은 마음으로 이어 나가는 것이 어렵더라고요. 우리가 직접 하지 않는 이상 지속적으로 운영되는 것끼리 어렵겠다는 생각이 들어요. 저나 아이나 마을학교 초창기에 했던 놀이들의 혜택을 너무나 많이 받았고 이 마을학교가 없었으면 어떻게 아이를 키웠을까 할 정도예요. 주변 아이들과 같이 키운다는 개념도 없었을 거고.

아이들과 같이 노는 것을 밴드에 사진하고 후기를 부모님들도 보시라고

공유를 했어요. 지켜보시던 학부모들이 점점 참여하시면서 엄마들마다 장점을 발견하고 놀이 시간에 그 엄마의 장점 분야를 맡아 달라고 하면 그게 엄마들에게도 큰 즐거움이에요. 요리를 잘하시는 엄마에게는 맛이 없어도 아이들은 자기가 만든 건 다 먹으니 요리 프로그램을 맡아 달라고 하니까 재미있어하더라고요. 주도적으로 처음에 참여했던 엄마들이 네 명이 참여도 하고 놀이의 바람도 일으키고 했었는데 지역 테두리 안에서 지속적인 소통을 이어 나가는 것이 쉽지가 않더라고요. 참여했던 아이들이 컸고 아이들을 위해 모였던 사람들이잖아요. 이후에 어린 자녀를 두신 분들이 모여서 다시 엄마들이 모여서 이끌어 나가고 있어요.

아쉬운 점은 제가 어떤 방식으로 운영을 해왔고 아이들과 어떻게 시간을 보내는지에 대해 모르고 단지 아이만 보내면 잘 봐주니 아이만 보내고 그외 것들에 대해 외면을 하면 그건 서비스 기관과 다를 바가 없거든요. 아이들을 수영장에서 놀게 하고 싶어서 부모님들에게 전화를 하거나 준비사항을 요청 드리면 답을 안 해 주시는 분들이 계시고 아이는 놀고 싶은데 부모가 참여를 안 시키는 것에 제가 나오라고 사정하는 것은 아닌 것 같아 조금 지치기는 합니다. 어떤 단체가 지속적으로 운영되려면 다양한 사람들이 마음의 합을 이루고 모여서 함께 꾸려나가야 가능한 일이라는 건 명명백백한 사실이지만 늘 어렵죠.

주위를 살피고 지키는 지속성

아이들이 살아갈 미래의 환경에 어른들이 사실 자연에 훼손을 가하고 있는 부분이 있잖아요. 직접 행동하고 아이들이 직접 목소리를 내보자 해서 기후 위기 비상행동을 1회 진행했었는데 해보니까 1회성이 아니고 지속적이고 반복적으로 계속해야 하는 것들이 너무 많더라고요. 아이들이 피켓을 만들어서 어느 공간에 서 있는 것이 아니라 직접 폐지나 재활용품을 이용해서 만든 것을 가지고 나가서 해보자는 부모들의 의견이 있어서 이 나무

마을에서 아이들이 모일 수 있는 유일한 공간

인형은 아이들하고 부모들과 주말마다 만나서 하루 종일 풀 쑤고 붙이고 해서 폐종이 박스나 신문지 같은 것으로 공동작업을 해서 한 달 동안 만들었어요.

또 아이들이 만든 인형탈들은 현재 '아이스 팩 교환 운동'하는데 나가 있어요. 이게 항상 줄타기예요. 중심이 어른들이 잡을 수밖에 없는 게 환경 운동 행사에 동원되거나 형식적인 그림을 그리기 위해서 나가는 것이 아니라 아이들과 지속적인 활동과 이야기들이 있어야 하는데 어쩌다 한 번 뜬금없이 "이 날이 기상 위기 비상 행동의 날이야."라고 하면 가는 것이 아니라 아이들에게도 절박하고 얼마나 중요하고 내가 가진 행동의 무게를 판가름할 수 있는 거, 인식하는 것을 알았으면 좋겠다는 생각이 들어서 꾸준히 진행하지 못한 게 아쉽죠.

프로그램은 참여하는 사람들이 즐기고 재미있어야 지속 가능합니다. 그리고 그 안에서 관계 형성이 되고 소통도 원활하게 진행이 되는 것이 필요합니다.

마을학교의 예산이 1년에 천오백만원 정도 되는데 저희는 이 예산으로도

아이들과 정말 재미있게 놀고 있어요. 이 마을학교에서 놀이와 경험을 통해 아이가 혜택을 받는 것을 알면 엄마들은 자발적으로 참여를 합니다.

저는 어린아이들에게 발판을 마련해 주는 역할 밖에 하지 못해요. 예술이나 기술의 개념은 아니지만 제가 어렸을 때 이렇게 놀고 했기 때문에 건강해서 "이렇게 했으면 좋겠어."하는 바람이 아니에요. 아이들의 앞에 펼쳐진 시대는 전혀 다르잖아요. 그 기로에 서서 아이들의 욕구나 세태에 반영되고 보이는 것에 어떻게 기로를 잡아가야 할지 스스로 개척해 나가는 힘을 기르는 시간이 되었으면 합니다.

아지트는 정서적으로 큰 힘을 주는 것 같아요. 거기는 우리가 노는 공간이고 다른 것도 할 수 있는 기회의 공간, 갈 곳이 없어서 할 것이 없어서, 돈이 없어서가 아니라 뭔가 한다고 하면 이모가 허락을 해 줄 것 같은 비빌 언덕이 되었으면 해요.

예술활동의 경계 허물기

이주민 문화예술공간 「프리포트」

섹 알 마문 영화감독

우리도 모일 수 있는 공간

저희는 이주민들이 모인 <아시아 미디어컬처 팩토리>단체이고 공간 이름은 누구나 올 수 있는 의미로 <프리포트>입니다. 초반에는 일곱 명이 모여서 활동을 시작했는데 주로 음악과 영상작업을 하는 친구들이었습니다. 독립영화를 만들고 영화제를 준비하면서 코디네이터가 들어오고 뮤직비디오를 만들어야 해서 음악 하는 친구가 들어오는 식이었어요.

저는 방글라데시에서 경영을 전공하다가 1998년에 이주노동으로 한국에 왔어요. 모 가구 단지에서 일을 하는데 이주노동자들의 열악한 환경을 보고 겪으면서 인권 운동을 주로 했었거든요. 이 단체에는 2012년부터 참여하게 되었는데 제가 목수 일을 좀 하니까 당시 친분이 있었던 친구가 이주민들의 예술단체 공간 인테리어를 도와달라고 해서 그 계기로 지금까지 활동하고 있습니다. 처음에는 돈이 없어서 낡고 빈 공간을 다 같이 협업해서 기본 공사하고 페인트칠하고 서서히 채워 나갔습니다.

친구들이 자체적으로 '이주민방송●'도 하고 '이주민영화제●●'도 매년 해오다가 영화제 안에서 전주민과 이주민 친구들이 만나서 프로젝트를 지원받아서 활동해 보자는 의견이 있었어요. 이 친구들은 2010년부터 경기문화재단에서 지원을 받아서 연극도 만들고 뮤직비디오도 만들었던 친구들인데 우리도 우리만의 모일 수 있는 공간이 있었으면 좋겠다는 고민이 있었데요. 그런데 공간이라는 것은 저희 이주민들에게는 쉽게 만들어지지 않잖아요. 보증금 마련도 그렇고 임대료 마련도 해야 하니까 각자 자기 일을 하면서 예술 활동을 한다는 게 쉽지 않았어요. 그러다가 2011년에 처음으로 아름다운 재단에 제안서를 넣고 선정이 되어서 예술 활동 기반이 마련이 되었어요. 제일 큰 고민이었던 것이 서울에 사무실을 만들면 이주민들을 모일 수 있는지 고민이 되었어요. 이주노동자들이 많은 경기도나 다른 지역에 공간을 만들까 했는데 그래도 예술의 메카가 홍대 앞이라는 상징성이 있었고 무리를 하더라도 이 사회의 전반적인 것을 들여다보기 위해 합정역 근처에 공간을 만들었었어요. 그곳에서 3년간 지원을 받으며 다양한 예술 활동을 하다가 3년이 지나 다음 운영을 위한 후원회 모집을 하게 되었어요. 프리포트 운영진은 3-4명이지만 활동가들은 스무 명이 넘거든요. 이분들이 자연스럽게 와서 워크숍을 하거나 연습을 하거나 창작을 위한 자유로운 공간이 필요해서 서교동에 보금자리를 마련했지만 임대료가 높아서 임대료 부담이 적은 이곳 문래동으로 이사를 온 거죠. 한국의 다른 단체에서 같이 공간을 활용하자는 제안도 있었지만 그러면 또 우리가 그들의 눈치를 봐야 하는 것 같아서 우리들만의 공간이 필요했거든요. 경제적인 여유가 없어서 후원비와 소셜 펀딩으로 지원받아 이사 비용과 공간 정비를 할 수 있었어요.

● 이주민방송(MWTV) http://mwtv,kr/
●● 이주민영화제(MWFF) https://mwff,modoo,at/r/

예술활동의 높은 벽

예술 활동하면서 이주민들은 사회에 변화를 시키기 위해서 이 사회가 어떻게 돌아갔는지 알아야 해요. 이주민이 온전히 타국의 사회에 완전히 섞이지는 못하잖아요. 한국에서 이주민들을 위한 예술이나 행사는 1회성에 참여하는 방식으로 밖에 진행이 안 되었고 그것을 계기로 예술 활동할 수 있는 지속성이 없었어요. 이건 아니다 싶었어요.

이주민이나 다문화 가정을 위한 교육들이 사회에 많잖아요. 목적이 무엇인지 저는 그걸 보면서 '왜 하지? 이 교육을 받으면 나는 무엇을 할 수 있지?', '내가 프로그램에서 작품 활동을 하면 어디에서 내 작품을 인정받을 수 있나?'라는 고민이 있어요. 문화예술 분야만 그런 것이 아니고 이주민 관련 문화사업들을 보면 대부분이 강요되는 것들이 많아요. 다문화 교육이라고 해서 김치 만들기, 종이접기 이런 교육을 기획하는데 이 사람들에게 무엇이 필요한지 물어보지도 않고 행사성으로 끝나는 교육들이 많아요. 김치 만들기나 종이접기 같은 프로그램이 필요한 이주민들도 있지만 이런 프로그램 비율이 많아지면 그건 아니라는 거죠. 한국에서 살아가는 다양한 사

서울특별시 영등포구 문래동2가 도림로 435

람들에 대한 인정을 한다면 다양한 루트를 열어 놔야 하는데 한 그룹으로 묶고 진행을 하다 보니 도움이 안 되는 사례가 많았어요.

이주민이나 다문화가정 대상으로 프로그램을 할 때는 무언가를 가르쳐 주고 끝나는 것이 아니라 교육 통해 이 사람들이 무엇을 할 수 있는지에 대한 고민이 필요해요. 대부분의 사람들이 국적과 별개로 모든 사람들은 평등하다고 생각하지만 일부 사람들은 아직도 "우리와 왜 똑같다고 생각해야 돼?"라는 의견을 가지고 있어요. 사람들마다 다르기 때문에 그들이 다르다고 생각하면 우리가 거기까지도 인정을 해야 돼요.

이주민이나 다문화가정 사람들을 대상으로 노래자랑 행사만이 아니라 진짜 예술가로써 자신을 보여 줄 수 있는 기회가 필요했기 때문에 저희 단체가 그런 시도를 많이 하고 있어요.

예술을 위해 모일 수 있는 공간

이주민이 필요로 하는 것은 우리가 숨 쉴 수 있는 공간만 주어지면 차츰 그 안에서 문화가 형성이 되고 예술이 만들어지는 것이거든요. 저 같은 사례만 보더라도 이주노동자였다가, 인권운동가였다가 지금은 독립영화감독으로 10년째 활동하고 있고 다양한 작품 만들어서 한국뿐만 아니라 외국에도 출품하고 있어요. 이러한 공간이 없었더라면 저도 없는 거예요. 그리고 이 공간의 또 다른 매력은 우리가 함께 공유하는 공간이라는 거죠.

노인과 청소년들을 위한 공간이 필요하듯이 이주민들이 모일 수 있는 공간도 절실합니다. 이주민으로 왔지만 한국 문화에 대해 모르는 부분도 있고 이를 위한 커뮤니티 활동이 필요하거든요.

이주민들이 다른 곳에서 활동을 하더라고 한국인들의 눈치를 보게 되고 기관에서 운영하는 모임 쉼터 들은 주말에 문을 닫는 경우가 많아서 문화예술 활동에 참여하는 것이 어렵다 보니 이곳이 커뮤니티 역할을 하게 된 거죠.

이주민 대다수가 주중에는 일을 하기 때문에 주말에 모여서 이곳에서 하루 숙박하며 예술 활동도 하고 자기 나라 음식을 해 먹고 어떤 주제에 대해 논의도 합니다. 이곳 사무실에서 요구하는 것은 자기가 요리한 것은 자기가 뒷사람을 위해 깨끗이 정리 정돈하라는 요구뿐입니다.

창작을 위한 환경

우리가 예술을 하고 창작을 위해 환경을 만들어 주는 것이 필요해요. 꿈을 꿀 때 바로 앞이 아닌 멀리 보고 꿈을 꾸거든요.
아이디어를 통해 영화로 제작하고 영화제에 출품하고 사회에 평화를 제시

환경에 대한 인식과 나눔을 마주하는 일상에서

하는 메시지를 전할 수 있다는 것, 그것을 표현하기 위한 방법들은 바로 실현이 시킬 수 있는 것이 아니에요. 내가 원하는 것을 실현해 볼 수 있는 창작 환경이 주어져야 해요.

2013년에 다양한 프로그램을 시작했는데 저는 그중에 이주민 독립영화감독 프로젝트를 참여했어요. 6개월 동안 멘토 한 분을 붙여서 단편영화 한 편을 제작해 보는 과정으로 만들어진 영화는 독립영화제나 부산평화영화제에 출품을 했는데 영화로 제 목소리를 내게 된 거죠.

여기에서는 이주민이 영화를 만들면 선주민분들은 스태프로 참여하고 선주민이 제작을 하면 이주민들이 스태프 역할을 하며 돕고 있어요. 그리고 예술제를 진행할 때는 한국예술인복지재단에서 예술가 파견 프로그램을 신청해서 예술가 다섯 분과 결혼 이민자 예술가 두 분이 같이 협업해서 예술제를 준비하고 있습니다.

예술제는 매년 이민자와 선주민 예술가들이 함께 참여해서 작품을 소개하는 자리에요. 예술제를 위한 콘텐츠 제작 준비도 모두 이곳에서 진행됩니다. 올해가 10회째인데 한국의 탈춤과 힌두교 아르띠(Aarti)라는 춤을 콜라보 하는 공연을 준비하고 있어요. 탈춤이 가능한 예술인과 아르띠가 가능한 예술인이 서로 각자의 춤을 알려주고 팀을 짜서 각 나라의 고유 춤을 가지고 새로운 창작물로 만드는 작업이에요.

이곳은 운영 주체가 자발적으로 이주민과 선주민이 같이 운영하다 보니 다른 일을 하면서 이 공간을 이끌어가고 있는 거죠. 창작 활동이외에 공간 유지를 위한 경제적 활동으로 영상 제작을 별도로 하고 있어요.

우리에게 고민은 지금의 단체들은 다년간 노하우로 운영할 수 있는 거지만 이 공간이 지속적으로 운영되려면 새로운 사람들의 참여가 있어야 하거든요. 우리가 희생한다고 생각하지는 않지만 우리가 여기에서 활동하면서 받는 기쁨이 뒤를 잇는 사람들에게도 똑같은 기쁨으로 전달이 되어야만 이 공간도 유지가 될 수 있어요. 일터라고 생각하면 이렇게 스스로 참여를 못 하거든요. 일에 대한 대가를 받아야 하니까요. 이 공간이 나의 창작

주말에 모이는 이주민들을 위한 숙박공간

을 실현 시켜주는 공간이기 때문에 저와 사람들이 모여드는 겁니다.

일 년에 영화를 제작해도 한두 편 제작인데 다른 일을 하면서 혼자서 영화 제작을 하라고 하면 못해요. 이곳은 다양한 사람들을 만나고 나를 위해서 있는 거예요. 이곳에서 만난 사람들이 서로의 작업에 영향을 주고 실행 가능성을 주고 협업할 수 있는 장소거든요.

이주민들이 예술창작과 문화 활동을 위해서 전용공간을 만드는 것이 쉽지 않아요. 우리 단체가 특이한 경우인데요. 우리 공간에도 공짜라는 것은 없어요. 이곳 회원들도 회원비로 각자 만 원씩 내요. 그리고 밥을 먹어도 각자 돈을 걷어요. 그러다 보니 여기 모인 친구들도 자기 공간이라는 생각을 해요. 공간이 유지가 되려면 단기적으로 뭔가 크게 투자 하려기 보다 장기적으로 지원을 통해 유지되는 방식으로 가야 할 것 같아요.

교육이 아닌 워크샵

제가 외부로 동영상 제작 강의를 했었는데 개인 사정으로 잠시 중단했었어요. 이후에 인원이 여덟 명에서 다섯 명으로 줄었는데 오로지 다섯 명 만을 위해 예산을 쓸 수 없어서 그 과정이 사라졌다고 하더라고요. 교육의 목적이 머릿수 채우기를 위한 교육인지 그 교육을 찾아오는 사람을 위한 교육인지 생각해야 돼요. 특히 문화예술교육은 짜여진 식단도 아니고 여럿이 모여서 다 같이 밥 먹는 것이 중요한 게 아니에요. 단기적으로 행사성의 프로그램으로 끝내는 것인지 그 프로그램을 위해 찾아오는 사람들을 위한 것인지 분리해서 바라봐야 할 것 같아요. 제가 자랄 때만 해도 방글라데시에서는 예술 분야를 하고 싶은 친구들이 있으면 그 필요성에 의해 부모님들이 예술을 배우도록 해줘요. 자기가 좋아해서 하고 싶을 때 피아노 선생님을 붙여주거든요. "무조건 해야 된다."라는 것은 없어요. 전공이라는 것은 자신이 좋아하고 잘하는 것을 스스로 찾아서 선택해야 하는 것인데 한국을 보면 일부 부모님들이 아이들의 장래를 너무 일찍 정해요. 자신의 길은 자기가 고민을 해서 방향을 찾아가야 하는 부분이라고 생각해요. 아이들이 성장할 때는 어느 시기는 그냥 놔두는 시기가 필요하다고 생각해요. 자신이 예술을 창작하려면 특히 영상 같은 경우에는 내가 살고 있는 이 사회와 문화에 대한 이해를 가지고 있어야 해요. 외국의 학교에서는 영화를 전공할 때 1년간 그 나라의 문화와 사회에 대한 수업을 한다고 들었어요. 그 나라에 대한 이해가 있어야 그 나라에서 제작된 영화를 이해하게 되고 영화 속에서 전하고자 하는 메시지를 읽는 공부가 된다고 해요.

이주민 친구들이 한국 사회 시스템에 적응하기 위해서는 누군가 가르쳐 주는 기회가 적기 때문에 이곳에 모여서 워크숍을 통해 공유하고 있습니다.

이곳에서 한 친구가 영상 작품을 만들고 싶어 하면 "우리가 함께해 줄 테니 제작을 해보자!"라고 용기를 주는 거죠. 대본의 기본기는 외부에서 전문 강사님을 모셔 오고 촬영할 때는 우리가 스태프로 붙어서 로케이션부터 후반작업까지 함께해 주면 다음 작품도 찍을 용기가 생기거든요. 사람이 한번 시동을 걸어 봐야 앞으로 나갈 수 있는 거지 아무리 차가 있어도 시동걸 줄을 모르면 운전을 못 하는 거예요. 시동 걸리고 달릴 때까지 여기 회원들이 함께 푸싱하고 제작이 완료될 때까지 함께 하는 거죠. 저희가 진행하는 예술제 안에 <오늘부터 감독>이라는 세션이 있어서 이번에 새로 단편 영화를 연출한 세 명의 이주민 감독 작품을 선보일 예정이에요.

이주민의 문턱

창작할 때는 창작금이 꼭 필요한 분야가 있어요. 우리가 돈이 있는 건 아니지만 음악 하는 일본인 친구에게도 네가 하고 싶은 거 이야기하면 우리가 아무 조건 없이 백만 원을 지원을 해주겠다고 이야기를 했어요. 그랬더니 그 친구가 이주민 2세 아이들을 위한 음악을 작곡하고 싶다고 하더라고요. 그 과정에 많은 의견을 나누고 작곡된 곡을 들어보니까 너무 잘해서 놀랬어요. 저희는 이곳에서 이주민 문화예술 기획자들을 많이 양성하려고 해요.

공연을 기획하고 만들면 그 공연을 위한 무대가 필요한데 그런 지원들이 있었으면 좋겠어요. 이주민들은 직접 지원금을 받지 못하고 있어서 한국의 단체와 협업을 해서 들어가야 해요. 그런데 그런 문화와 예술의 행사에 외국인들이 동원되어서 보여주기 식의 행사는 안했으면 좋겠어요. 차라리 이주민들에게 기획과 창작과 무대를 구성할 수 있는 지원사업이 있었으면 좋겠어요. 이주민들은 많은 지원사업에서 제외 대상이거나 한국어로 기획서를 쓰지를 못해요. 함께 살아가는 사회에서 이주민이나 이주결혼 온 사람들에게도 참여 제한의 문턱이 낮춰줬으면 합니다.

우리가 10년째 자체 준비해서 <서울이주민예술제>를 진행해 오고 있는데 국경, 종교, 성별, 인종을 넘어 예술로 소통하고 교류하는 축제에요. 이주민들도 창작하고 예술 문화를 기획하는 사람들을 육성하고 오랜 기간 축제를 이어온 단체라면 한 번쯤은 지원 대상으로 생각할 법하거든요. 저희가 예산 지원을 위해 사업계획서를 여러 번 써봤는데 선정이 안되더라고요. 기획자가 어떤 이력을 가지고 어떤 프로젝트를 했는지 성과 위주로 문서가 들어가니까 결국 선정되는 사람들만 선정이 되어요. 잘하는 사람들에게

예술을 위한 우리들의 예술제는 계속된다

만 지원을 할 것인가, 예술이라는 경계 없는 창작세계를 위해 새로 발굴하
고 육성하는 지원으로 갈 것이냐, 지원사업 선정의 기준도 달리해야 하지
않나라는 생각을 해봅니다.

다행히 <서울 마을미디어 활성화사업>에 지원받아서 3년간 이주민들이
모여서 교육을 받고 창작 활동을 했는데 올해부터는 앞에 배운 것을 통해
서 인지도를 높이기 위해 단편영화를 제작을 하고 있어요.

유지를 위한 운영

저는 이곳이 클럽 형태의 공간이었으면 해요. 새로운 사람들이 들어와서
참여를 하고 누군가 잘 나가는 사람들이 단체 후원을 해주고 시간이 있는
사람들이 운영을 하는 방식으로 이어졌으면 해요. 여기는 직원은 없어요.
누군가 직원이 되려고 하는 순간 누군가는 사장이 되려고 하고 사장이 되
는 순간 권한을 가지려고 해요. 우리 회원들이 사장 아래에서 활동을 해야
한다면 그 구조는 오래가지 못해요. 저 또한 너무 공간을 오래 지키고 있다
보니 손을 놔야 된다는 생각을 많이 하고 있어요. 단체 대표는 명목상의 대
표지 명함에도 직함이 없어요. 각각 활동의 환경, 분야가 다르기 때문에 다

른 단체와 차이가 있을 수밖에 없어요. 프리포트는 누군가가 대표가 되는 순간 관리자가 되고 오는 사람들이 눈치를 봐야 해요. 이런 공간은 누구의 책임이 아니라 공동의 책임 의식을 가지고 참여를 하는 겁니다. 창작 활동이라는 것은 내가 밥 먹고 살아가는 당연한 것, 내가 아프면 치료받는 권리랑 같은 것 같아요. 누군가가 "하지 마."라고 할 수 있는 것도 아니에요. 한국 분들 중에도 내가 예술을 하고 싶다고 예술 활동을 할 수 있다고 생각하지 않아요. 뭐든 하고 싶다고 할 수 있는 사회는 아니에요. 그래도 이주민들이 지금 있는 시스템을 조금씩 바꾸고 유지해 나가야 미래에도 예술 활동을 꿈꿀 수 있는 창작자분들이 나타날 것이라고 생각하거든요. 먼 미래를 보고 투자를 한다고 생각할 수밖에 없어요. 이주 노동자든 타국에서 살더라도 인간이 살아가는 도리는 잃어버리면 안 된다고 생각해요.

이주노동자는 비자가 어떤 카테고리를 가지고 있느냐에 따라서 활동 제약이 엄청 많아요. 예술 활동을 할 수 있는 비자가 인정이 되면 이곳에서 예술 창작을 꿈꾸는 사람들이 많아질 거예요. 단순히 "너는 이주 노동자야. 일하다가 너희 나라로 돌아가.", "너는 외국인 학생이기 때문에 공부만 하다 가면 돼."이런 시선이 많이 있어서 그 구조를 쉽게 바꾸지는 못해요.

제 나이는 45세이지만 이주 온 지는 23년이라 이곳에서 제 사회적 나이는 스물 셋인 거예요. 사람은 새로운 사회에 들어가는 순간부터 하루하루 시작되거든요. 다른 이주노동자들도 같은 생각일 거예요. 한국으로 일하러 온 순간부터 한국 나이가 새로 시작이 되는 거죠. 이곳이 한국의 사회와 문화와 예술을 전하고 창작할 수 있는 기반을 마련해 주는 겁니다.

함께 살아가고 있기 때문에 <프리포트>가 이주민들이 한국 사회에서 적응하는 공유의 장이 되고 예술창작 활동에 기반이 되는 커뮤니티 장소였으면 합니다.

폐공장이
문화 공간으로,
베를린의
'파브릭'

이은서

—

베를린 '123factory' 대표

연극연출가이자 기획자로 대학에서는 법학을, 대학원에서는 연극을 전공했다.
지금은 독일의 베를린에서 다양한 스타트업을 도우며, 창작과 일을 함께하고 있다.
『무대 위의 상상력』, 『배우, 말하기, 자유』를 우리말로 옮기고, 『모든 것이 나누어졌다』를 함께 썼다.

산업혁명 시기 베를린은 기술과 혁신을 선도하고 있었다. 1881년 베를린에서 세계 최초의 전기 전차가 운행되었고, 이는 지금 글로벌 대기업으로 성장한 지멘스(Siemens)의 발명품이었다. 최대 시속 2km의 속도로 베를린 리히터펠데 오스트(Lichterfelde Ost)와 베스트(West) 사이의 2.5km 구간을 운행한 것이 전차의 시초가 되었다. 이후 1889년 본격적으로 전 지역에 전차가 보급되면서 베를린은 현대적인 대도시로 발전할 수 있었다. 이후 지멘스뿐만 아니라 1900년에 세계 최초로 전기 헤어드라이어를 발명한 AEG도 베를린에 대형 공장을 건설해 세계 전역으로 수출 하기 시작했다. 많은 공장, 산업단지, 양조장 등이 베를린에 들어섰다. 이후 세계 제 2차대전을 겪고 베를린이 분단되면서, 베를린 산업에는 암흑기가 찾아온다. 통일 이후 많은 공장과 산업단지와 양조장에 활기가 생겼지만, 반대로 빈 공장들도 넘쳐났다. 그렇게 비어 있던 산업 공간이 1970년대 문화 운동, 공동체 운동, 건물 점거 운동 등 다양한 사회 운동의 영향을 받아 문화예술교육 공간이자 하나의 문화 공동체로 다시 태어난다. 이름에도 공장 (독일어로 파브릭'Fabrik')이 들어 있는 베를린의 대표적인 파브릭 문화 공간들을 살펴보자.

영화필름 현상소가 문화 공동체로
'우파파브릭(ufaFabrik)'

베를린의 남쪽 템펠호프라는 지역이 있다. 이곳에는 '우파파브릭'이라는 문화 생활공동체가 있다. '지속 가능한 문화의 오아시스(The sustainable oasis of culture)'라는 모토를 걸고 있는 이곳은 원래 독일의 필름 프로덕션이자 유럽에서 가장 오래된 영화사 중 하나인 우파(UFA, Universum Film AG)의 필름 현상소였다. 1920년부터 18,566m²의 부지가 현상소로 이용되었지만, 60년대부터 분단 이후 악화된 동서 베를린의 갈등으로 영화사가 서독으로 이전하게 되었다. 이후 서베를린시가 이 부지를 매입한 이후 잘 활용되지 못하고, 수십 년을 방치되면서 철거될 위기에 처했다.
그러나 1978년 시민 예술가와 청년들이 이곳에서 축제를 개최하고 예술가
들이 모여들기 시작하며 분위기가 반전된다. 이들은 협회를 설립하고 마을
주민들에게 문화예술 프로그램을 제공하기 시작했다. '예술적이며, 사회적
인 과정과 토론을 통한 창의적 다문화 공간' 을 만들자는 것이 이들의 첫
아이디어였다.

베를린의 우파파브릭 모습(출처: ufafabrik 홈페이지)

처음 서베를린시는 우파파브릭 협회와 1년 단위로 임대계약을 체결했다.
하지만 1987년부터 50년 장기 임대 계약을 체결한 후 더욱 안정적으로 운
영되며 문화·생태·예술을 위한 공간으로 탈바꿈할 수 있었다. 우파파브
릭에는 현재 200명의 직원과 30명의 주민이 상주하며 함께 살고, 일하며,
예술·창의·삶의 다양한 부분을 공유하고 있다.
우파파브릭에는 다양한 그룹이 있다. 먼저, 전세계의 예술가들과 교류하고
함께 공연, 축제, 어린이 예술프로그램 등을 이끌어 나가는 국제 문화센터
(International culture center)는 '예술과 창의·다양성'이라는 키워드를 실
현해나가고 있다. 이곳에는 2개의 극장이 있고, 연습을 위한 리허설 스튜디

오, 야외무대, 등이 있다. 코로나 전에는 거의 매일 공연 프로그램이 끊이질 않았고, 연습실에서는 전 세계 예술가들이 함께 작품을 만드는 풍경이 일상적이었다. 특히 아시아, 아프리카, 남미 국가의 파트너와 수 년 동안 활

김덕수 사물놀이패 x 우파파브릭(출처: 리히텐라데 구청 홈페이지)

발한 교류를 통해 국제 아티스트 레지던시를 운영해왔다. 우파파브릭의 상주 예술가인 투안 레(Tuan Le)와 다니엘 라인스베르크(Daniel Reinsberg), 그리고 쌈바 밴드 테라 브라질리스(Terra Brasilis), 어린이 서커스 학교 '우파 서커스(ufaCircus)가 주축이 되어 전세계의 예술가들과 협력하였고, 각종 예술 제작 프로그램에 함께 참여 할 수 있었다. 이곳의 야외무대에서 김덕수 사물놀이팀이 현지인들을 대상으로 워크샵을 하고, 사물놀이와 씻김굿 등의 한국 전통 공연도 이루어졌는데, 우파파브릭과 25년이라는 긴 시간 동안 공동 예술 프로젝트를 진행해왔다고 한다. 이는 특별히 세계 문화예술과의 교류를 중요하게 여기는 우파파브릭의 특별한 철학이 있었기 때문에 가능한 일이기도 하다.

우파파브릭의 문화 그룹에서는 이러한 문화 교류를 세계의 다양한 파트너들과 함께 진행할 뿐만 아니라 지역 내의 어린이, 청소년, 이웃 주민과 나

누는 것을 중요하게 생각한다. 우파파브릭 내의 어린이·청소년 문화예술
교육의 좋은 예는 '넷데이즈 베를린(netdays Berlin)' 프로젝트이다. 넷데이
즈 베를린은 유럽 사회기금(European Social Fund)과 베를린 상원 교육과
학 연구부 지원으로 진행된 문화예술교육을 통한 직업·진로 탐색 프로그
램이다. 우파파브릭에서는 베를린의 19개 중고등학교와 협력하여, 1,200명
의 학생들과 약 53주 간의 장기 프로젝트를 진행하였다. 약 200개의 크고
작은 워크샵을 통해 학생들은 자신의 미래 직업에 대한 탐색을 진행한다.
악기 연주, 춤 공연과 같은 문화 예술영역의 워크샵을 진행하는데, 프레임
워크를 만들어, 팀워크 능력, 창의성 계발, 의사소통 기술을 훈련하는 데에
초점을 맞추었다. 이후 구립 도서관과의 협력 작업을 통해 자신이 관심있
는 직업 분야에 대해 책을 선정하여 독서 토론을 실시한다. 또한 직업 분야
에 실질적으로 접근할 수 있도록 지원서 작성하기, 인턴쉽 지원하기 등과
같은 프로그램을 구성하여 진로 선택 시 겪을 수 있는 실질적 문제 해결에
중점을 두었다. 학생들은 진로 탐색 기간에 연구한 주제, 배우게 된 내용을
최종적으로 프레젠테이션하는 기회를 가지기도 하였다. 넷데이즈 베를린
은 1998년부터 2016년까지 다양한 펀딩 프로그램의 지원을 받아 성공적
으로 진행되었다.

우파파브릭 내에서 중요한 문화예술 분야 중 하나는 '서커스'이다. 서커스
는 우파파브릭이 처음 만들어졌던 1979년부터 공동체에서 아주 중요한 역
할을 했다. 예술가들과 청년들이 모여 지역의 어린이들, 이웃과 함께 할 수
있는 공동체 프로그램을 고민하다가 예술가들이 주민들에게 간단한 저글
링, 외발자전거 타기, 짧은 광대극 등을 가르쳐 주면서 관객과 예술가의 경
계가 무너지는 것을 발견한 것이 계기가 되었다. 이를 통해, '서커스'가 하
나의 공동체 활동이 될 수 있다는 아이디어를 얻었다. 서커스에서 사용되
는 기술은 남녀노소 할 것 없이 모두가 배울 수 있고, 노래와 춤을 곁들여
짧은 공연을 만들 수도 있는 좋은 매개체가 되었다. 그래서 우파파브릭에
서는 매년 서커스 공연과 서커스를 배울 수 있는 워크샵이 정기 프로그램

으로 진행되었다. 특히 1987년부터는 매년 여름 4세~16세 어린이들과 함께하는 '베를린 어린이 서커스 페스티벌'을 진행해왔다. 일회성 행사가 아닌, 1년 동안 우파파브릭 서커스 학교에서 배운 내용을 예술가, 어린이, 학생, 교사, 지역 주민들이 함께 만드는 공동체 행사이다.

우파파브릭의 어린이 서커스 페스티벌(출처: 우파파브릭 홈페이지)

우파파브릭에서 또 하나의 중요한 주제는 '생태'이다. 따라서 우파파브릭 내의 많은 건물들에 환경친화적이고 지속가능한 방식의 에너지 발전 형태가 결합되어 에너지 자립을 이루었다. 예를 들어, 예술가들이 작업하는 스튜디오와 무대 공간, 그리고 조명, 오디오 등의 기술 시스템에 이러한 친환경 에너지 시스템이 적용되었는데, 먼저 전기는 우파파브릭 내에 태양열 시스템으로 가동된다. 지하에는 열병합발전소(CHP)가 건설 되어 있고 이를 통해 내부 난방도 자급자족하고 있다. 또한 모든 조명 시스템에 에너지 절약형 램프가 장착되어 최적화를 이루었다. 지붕은 모두 풀이 심겨 있는 초목 녹색 지붕으로 열효율이 높으며, 빗물을 정화하여 화장실 물을 내리는 데 사용할 수 있도록 설계되어 있다. 이러한 생태 건물을 만들어나가는 과정을 지역 주민들과 함께했다는 것이 우파파브릭의 큰 특징이다. 지역의 학교와 연계해서 '쓰레기 문제'에 관한 워크샵을 함께 진행하고, 생태적 집짓기, 비료 만들기 세미나 등도 기획하여 진행하고 있다.

우파파브릭 건물 지붕위의 녹색 초목과 태양열 발전(출처: 우파파브릭 홈페이지)

그 밖에 지역과 세계인들과의 교류를 위한 다양한 공간들이 있다. 세계 예술가들을 맞이하고, 우파파브릭의 공동체를 탐구하고 방문하기를 원하는 사람들을 위한 게스트 하우스가 있다. 총 10개의 객실이 운영되고 있으며, 이 객실을 통한 수익금은 모두 우파파브릭을 운영하는 데에 쓰인다.

이곳에 사는 사람들의 삶에 대한 고민도 고스란히 공동체 안에 녹아 있다. 직접 빵을 만들어 판매하는 빵집, 유기농 식품점, 목공방, 자전거 공방, 동물 농장 뿐만 아니라 새로운 교육을 고민하는 사람들이 모여 만든 대안학교도 존재한다. 우파파브릭은 지속 가능, 이웃, 에너지 자립, 문화예술, 교육, 삶, 지역기반 세계화의 집약체이다.

빈 공장이 문화예술공동체로,
'무지개 공장(레겐보겐 파브릭Regenbogenfabrik)'

'무지개 공장(Regenbogenfabrik)'은 1980년대 건물점거 운동 과정에서 생겨난 문화공동체다. 베를린에서 이민자들이 가장 먼저 자리를 잡고 살게 되었지만, 이제는 가장 핫한 동네 중 하나가 된 크로이츠베르크 지역에 위치해 있다. 이곳은 원래 목재를 가공하고, 목재 접착제나 바니시 등 목재 관련 화학 제품을 생산하던 공장이었다. 당시 한 부모 그룹과 노동자, 활동가들이 베를린시의 재개발 사업에 맞서 빈 공장 터를 점거하고 자조사업을 시작한 것이 출발점이 되었다. 처음에는 거주자의 일자리를 만들고, 가난한 이들을 위한 문화센터를 만드는 것이 목적이었다. 현재는 총 1,300m² 면적의 900m² 면적의 앞뜰에 호스텔, 자전거 공방, 목공방, 극장, 카페테리아와 카페, 유치원 등이 자리 잡았다.

무지개 공장 전경(출처: 무지개 공장 홈페이지.)

첫 출발은 건물 점거운동, 그리고 가난한 이들의 생활을 영위하기 위한 자조 사업에서 시작하였지만, 이들의 사업이 지역공동체와 호흡하게 되면서 이는 무지개 공장에 거주하는 사람만을 위한 생활공동체가 아닌, 모두와 함께 하는 '문화예술 생활공동체'로 발전하였다.

무지개 공장 회원들은 먼저 수익사업을 위해 1989년부터 호스텔 운영을 시작했다. 처음에 17개의 침대로 시작한 호스텔은 현재 36개까지 늘었고, 베를린 크로이츠베르크의 다양성을 느끼고 싶어 하는 전 세계 젊은이들에게 많은 인기를 얻고 있다.

무지개 공장이 처음 시작할 때, 건물이 거주에 적합한 환경이 아니었기 때문에 수리가 필요했다. 자연스럽게 건물을 수리하고, 내부 가구 등을 만들어야 하는 필요에 의해서 목공방이 생겨났다. 목공방은 1988년부터 무지개 공방 공간을 수리하고, 사물함, 계단 손잡이, 리셉션 등 나무로 만든 가구나 시설물 등을 제작하는 곳으로 시작하였다. 이후 지역 주민들과 함께 다양한 주제의 목공방 워크숍을 진행하였다. 어린이를 위한 간단한 목공예 프로그램부터, 성인들을 위한 가구 제작 워크숍도 진행된다. 또한 목공소에 다양한 장비들을 예약하면, 원하는 사람이 언제든 방문해서 사용할 수 있도록 '오픈 목공방'으로 운영이 된다.

무지개 공장의 목공방, 어린이 등 지역 주민과 함께하는 목공예 워크숍이 진행된다. (출처: 무지개 공장 홈페이지)

무지개 공장의 자전거 공방은 1982년부터 시작되었다. 이곳에서는 자전거를 수리해주고, 주민들에게 자전거 수리에 관한 워크숍을 제공한다. 그뿐만 아니라 자전거 대여 사업도 하고 있기 때문에 이곳 호스텔의 방문객들이 자전거를 손쉽게 이용할 수 있다. 일반적인 자전거 수리점과 다른 점은 여기에서 취급하는 대부분의 부품과 자전거가 중고라는 점이다. 버려진 자전거들을 수거해서 쓸만한 부품을 모아 다른 자전거를 수리하는 데 쓰기도 하고, 부품을 조합해서 새로운 자전거를 직접 만들기도 한다. 직원을 통해 수리를 맡길 수도 있지만, 대부분은 시간당 4유로(어린이 1.50유로) 정도의 기부금을 내고, 직접 수리를 배우는 경우가 많다. 자전거 공방은 문을 열자마자 지역 주민들의 큰 호응과 베를린시의 도움으로 성공을 거두었다. 특히 베를린시는 전쟁으로 인해 새로 출고가 되었지만, 조립이 되지 않은 20년 된 자전거 관련 부품을 공수해와 아주 싼값에 무지개 공방에 제공하였고, 지역 공동체 SO36이 이 부품으로 조립된 자전거 1,250대를 주문하면서, 이 프로젝트가 성공리에 마무리될 수 있었다.

무지개 공장의 자전거 공방(출처: 무지개 공장 홈페이지)

독립 영화 관련 단체가 입주하면서 극장도 문을 열었다. '환경, 원자력 발전 반대, 68운동' 등을 주제로 한 작품을 제작하고 상영했으며, 이후에는 주로 독립 영화 프로그램을 기획하여, 직접 영화제를 개최하여 큰 호응을 얻었다. 2004년에는 독일연방 정부로부터 '훌륭한 영화프로그램'상을 받을 정도로 좋은 라인업을 갖추었다. 처음에는 '작은 동네 영화관'으로 시작하였다가 이제는 베를린 다른 지역에서도 많은 사람들이 '무지개 공장에서만 볼 수 있는 영화'를 보기 위해 찾아오는 명소가 되었다.

무지개 공장과 지역사회를 연결해주는 긴밀한 연결고리는 이곳에 있는 레스토랑과 카페이다. 카페는 외부인에게 접근성이 좋은 무지개 공장의 바깥

쪽으로 입구가 나 있다. 카페는 1982년에 문을 열었고, 건물 점거로 시작한 이들을 함부로 내쫓지 못하도록 지역 주민들과 무지개 공장을 긴밀하게 연결해주는 직접적인 방패막이 되어 주었다. 또한 처음 점거자들의 자급자족을 위한 '부엌'의 역할을 했던 레스토랑은 주변의 가난한 이웃들에게 저렴하고 품질 좋은 식사를 제공하는 '열린 부엌'으로 확대되었다. 이후 베를린시의 사회복지부서에서 지원해서 자금이 조달되었고, 폴란드, 아랍, 터키, 스위스, 독일, 아프리카 출신의 국제적인 주방장들이 합류하면서, 세계 여러 나라의 음식을 선보이는 지역의 명물이 되었다.

베를린 어디에서도 맛볼 수 없는 세계 요리가 저렴한 가격에 제공된다는 것이 많은 사람을 불러 모았다. 2005년에 재정적으로 어느 정도 안정권에 들어선 무지개 공장 레스토랑은 많은 사람에게 안정적인 일자리를 제공하였고, 수습생도 훈련시킬 수 있을 만큼 체계를 갖출 수 있었다. 이후 2006년 11월부터는 빵을 만들어 케이터링과 배달 서비스를 제공하는 '크로이츠베르크 빵만드는 여성들(Kreuzberger Kuchenbäckerinnen)' 그룹이 만들어졌다. 이 그룹은 일자리를 고민하는 여성들이 스스로 그룹을 만들어 지역에 빵과 케이크 등을 판매하는 사업으로 큰 호응을 얻었다. 안타깝게도 2018년 12월, 운영한 지 12년 만에 '크로이츠베르크 빵 만드는 여성들' 프로젝트는 재정적인 이유로 중단 될 수 밖에 없었지만, 무지개 공장의 아카이브에서는 무지개 공장에 활력을 넣었던 프로젝트로 기록이 되어 있다. 무지개 공장에는 현재 4층짜리 건물에 약 33명의 거주자가 있다. 하지만 이 공간은 비단 33명만을 위한 공간이 아니다. 거주를 위한 삶의 공간에서 시작하여, 지역 주민들과 함께 하는 다양한 문화예술공동체가 되었고, 이제는 협동조합의 형태로 운영되고 있기 때문이다.

지난 2021년 10월에 무지개 공장이 문을 연 지 40주년이 되는 날을 기념하는 행사가 열렸다. 이를 위해 무지개 공장을 함께 만들어왔던 사람들을 기억하고, 중요한 행사를 기록한 아카이브 블로그도 문을 열었다. 이제 무지개 공장은 아이들의 놀이터이자 어른들의 직장, 이웃들의 모임 장소와 다양한 문화예술 프로젝트가 진행되는 공방으로, 베를린에서 여러 국가 출신의 다양한 사람들이 모여 사는 그야말로 총천연색 무지개와 같은 공동체로 자리매김하였다.

초콜릿 공장이 여성 문화 생활 공동체로, 쇼코파브릭(Schokofabrik)

무지개공장과 멀지 않은 곳에 베를린의 최대의 여성 문화생활 공동체 '쇼코파브릭(Schokofabrik)'이 있다. '쇼코파브릭'은 독일어로 초콜릿 공장이라는 뜻이다. 1900년대 초반에 베를린 크로이츠베르크에 문을 열었던 '그라이저 & 도브리츠 초콜릿 공장'이 전쟁 후 문을 닫고, 베를린시가 이 건물을 소유하게 되었다. 1970년대부터는 건물이 잘 관리 되지 않고, 약 8년 정도 비어 있으면서 황폐해졌다.

당시 여성운동에 활발하게 참여하며 여성을 위한 특별한 공간이 필요하다고 느낀 사람들은 1981년 5월, 비어 있던 이 초콜릿 공장을 점거한다. 건물 점거 운동, 여성 운동이 결합하여 당시 사회 정치적 문제가 반영된 이 건물은 처음에 의사, 간호사, 조산사들이 협력하여 원치 않는 출산을 하지 않도록 돕거나, 출산을 하기로 한 미혼 여성을 돕는 데이클리닉으로 시작하였다. 이후 다른 여성과 공동체를 이뤄 살고 싶어 하는 1인 가구 여성, 한부모 여성, 레즈비언 등이 모여 하나하나 공간을 설계하고 만들어 나가기 시작한다.

쇼코파브릭에는 1984년부터 가구를 만드는 목공방인 '쇼코작업장(Schoko werkstatt)'이 생겼고, 터키식 목욕을 즐길 수 있는 '함맘(Hamam)'도 1988년에 오픈하였다. 그 밖에 지역 여성과 소녀를 위한 상담 및 교육센터, 여성 전용 스포츠클럽 등이 생기면서 활기를 띠기 시작했다. 이후 베를린시와의 협의를 통해 합법적으로 건물을 운영할 수 있게 된 이후, 비영리 협회를 구성한 지 2년 만에 협회의 회원 수가 60명까지 늘어났고, 이케아

(IKEA)와 같은 큰 회사들의 후원으로 건물 리노베이션 비용까지 마련할 수 있었다. 지금은 건축 그룹 '플란쇼코(Planschoko)', 아이를 함께 기르는 '쇼코 유치원', 카페, 사회 및 법률 자문 그룹, 퀴어 여성 건강 센터, 이주민 여성을 위한 독일어 수업, 위험에 처한 여성을 위한 핫라인 운영 등 많은 사업이 진행되고 있다.

이런 쇼코파브릭에도 위기가 있었다. 2002년 건물의 임대료가 너무 많이 인상되어 재정적인 어려움이 예상되었다. 용기 있는 이 여성 그룹은 오히려 지역의 은행과 투자자들을 설득하여, 협동조합의 이름으로 건물을 인수한다는 아이디어를 갖게 된다. 결국 2003년에 쇼코파브릭은 건물을 인수하여, 장기적으로 임대료 인상에 대한 걱정 없이 여성을 위한 문화 생활공간의 역할을 안정적으로 진행할 수 있게 되었다.

쇼코파브릭의 입구 모습, 내부는 여성들의 거주공간으로도 운영되고 있기 때문에 많은 사진이 공개가 되어 있지 않다. (출처: 쇼코파브릭 홈페이지)

쇼코파브릭에서는 여성이 자신의 길을 찾고, 삶의 방향을 설정할 수 있도록 다양한 예술 프로그램을 제공한다. 지역의 여성 예술가들과 협력하여, 수채화, 아크릴 등을 이용한 다양한 회화기법을 통해 자신의 삶을 되돌아보는 회화 수업을 진행하고, 이후 쇼코파브릭 내에서 전시회를 열기도 한다. 그뿐만 아니라 실질적으로 삶의 어려움을 겪고 있는 지역의 여성들을 위한 심리 상담 프로그램, 진로 탐색 프로그램 등을 제공한다. 특히 쇼코파브릭이 위치한 크로이츠베르크 지역은 이주민들이 많이 사는 지역으로, 이들에게는 독일어가 생활의 큰 장벽 중 하나이다. 쇼코파브릭은 유럽 사회 기금의 지원을 받아, 이주민 여성을 위한 독일어 코스를 제공하고, 이들이 사회에 잘 통합되어 자기의 길을 개척할 수 있도록 돕는다.

그 밖에도 7학년~13학년 (중학교 1학년 ~ 대학교 1학년)의 여학생들이 학교에서 어려워하는 과목, 특히 수학, 자연 과학 등 전통적으로 어렵다고 여겨졌던 과목들에 대해 과외 수업을 제공하고, 스스로 문제를 해결할 수 있도록 스터디 모임을 지원하기도 한다. 쇼코파브릭의 많은 공간은 이처럼 여성을 위한 학습공간으로 사용되기도 한다.

또한 쇼코파브릭의 목공방은 가구를 제작해서 판매할 뿐만 아니라, 여성들을 위한 목공 워크샵을 통해 전통적으로 남성이 행해왔던 이 분야를 여성들이 경험해보고 자기 커리어로 발전 시켜 나갈 수 있도록 설계 되어 있다. 목공방에서는 청소년과 젊은 여성들을 위한 인턴쉽 프로그램을 운영하고 있다. 쇼코파브릭에는 현재 100여 명의 여성이 문화예술 프로젝트, 카페 등의 운영에 참여하고 있고, 공동체를 함께 일구어나가는 조합원의 일원으로 일하고 있다.

한때 번성했던 산업의 도시 베를린, 그 산업이 기울어져 가고 비어있는 공장들이 우후죽순으로 생겨나 도시의 생기를 잃어버렸을 때, 그 누가 그 안에 사람들이 모여 이곳을 다시 일구어나갈 것이라고 상상할 수 있었을까. 삶을 고민하던 사람들은 공간을 찾기 시작했고, 그 공간에는 다시 생명력이 필요했다. 이를 위해 그림이 필요했고, 공연이 큰 역할을 했으며, 음악

쇼코파브릭을 이끌어 온 초기 멤버들 (출처: 쇼코파브릭 홈페이지)

은 필수적이라는 것을 모두가 직감했다. 문화예술이 삶과 결합하여 죽어있던 공장을 살게 했고, 그곳에 사람이 살게했다. 공동체는 다시 문화예술공간이 지역으로 퍼져 나갈 수 있는 문화예술교육의 공간이 되었고, 결국 이는 베를린이라는 도시 전체에 숨을 불어 넣는 역할을 하였다. 우파파브릭의 모토처럼 문화예술교육이라는 사막에서 공간은 하나의 오아시스 역할이 된 것이다. 그리고 그 이름들처럼 어떤 이에게는 이 문화예술교육이 '무지개'였고, '초콜릿'이었을 것이다.

40여 년의 시간 동안 천천히 만들어진 베를린의 파브릭 문화예술공간의 혁명적인 시작, 지역, 환경, 소수자와 함께 하는 정신이 한국의 많은 공간에도 영감을 줄 수 있기를 희망한다. 모두에게 오아시스, 무지개, 초콜릿이 될 수 있기를.